I0765239

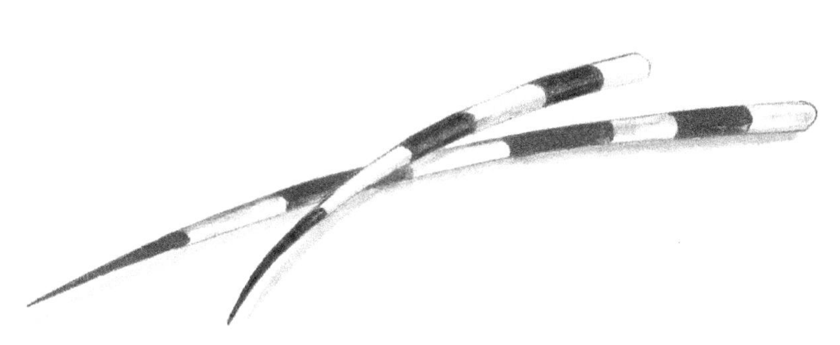

Laura Ruiz Rivas

La tristeza del erizo

Técnicas de reparentalización con muñecos

Psicología
Educación

*"Por muy difícil que sea,
siempre podemos encontrar el abrazo perfecto.
Pero solo hay un modo de abrazar a un puercoespín:
abrazándolo por donde menos pinche."*

Jimmy Liao

Índice

PRÓLOGO

Es demoledor vivir con la angustia y la impotencia que nos producen ciertos comportamientos de niños y adolescentes. Muchas veces no hallamos su causa ni la manera de ayudarles. Y nos invaden el cansancio y la desilusión, como olas suaves que no cesan, que van y vuelven, y que nos pillan más indefensos cada vez.

Ser padres es una aventura sin mapa. A veces, los obstáculos son dolorosos e impredecibles. Porque un hijo es nuestro mejor proyecto, pero también nuestra más honda vulnerabilidad: de su felicidad depende la nuestra. Y de los cimientos que construyamos bajo sus pies haremos un hogar saludable o, por el contrario, lleno de minas enterradas que irán socavando el equilibrio personal de cada uno y la posibilidad de imaginar un futuro mejor que la batalla diaria en que vivamos inmersos.

Ser educador es a la par apasionante y aterrador. Porque hay situaciones que se nos escapan, alumnos que no entendemos y que desbaratan cuanto sabemos y diseñamos para el normal desarrollo de las clases. Ciertas conductas del alumnado ponen a prueba la vocación con la que un día nos lanzamos al mundo de la educación. Y se hace difícil contener nuestras propias reacciones de adulto retado y herido, nuestro sentir de autoridad puesta en vilo o el miedo a que otros nos juzguen incapaces como profesionales.

Hay familias, en fin, que recriminan y cargan de responsabilidad nuestras ya corvas espaldas, haciendo de la colaboración una meta imposible. La comunicación familia-escuela se debilita y la oportunidad de unir esfuerzos, por el bien del alumnado, desaparece.

Y a veces, como en muchas otras situaciones de la vida, no vemos solución alguna...

Quizá porque no acertamos a ver el problema desde un ángulo nuevo que muestre otra forma de hacer las cosas. Una mirada que abra nuestra mente a estrategias que quizá sean claves...

Como la llave de un cofre que guarde, en su interior, toda la potencialidad y recursos de un alumno capaz de reconducirse y progresar.

A veces, la nave tiene más velas por desplegar y mástiles firmes para enfrentar temporales, pero somos incapaces de vislumbrar un punto al que dirigirnos.

Entonces, solo hay que encaramarse a la cofa del barco para tener perspectiva... A ese lugar desde el que el vigía pueda al fin gritar:

«*TIERRAAAAA... Veo tierra firme a lo lejos.*»

1. INTRODUCCIÓN

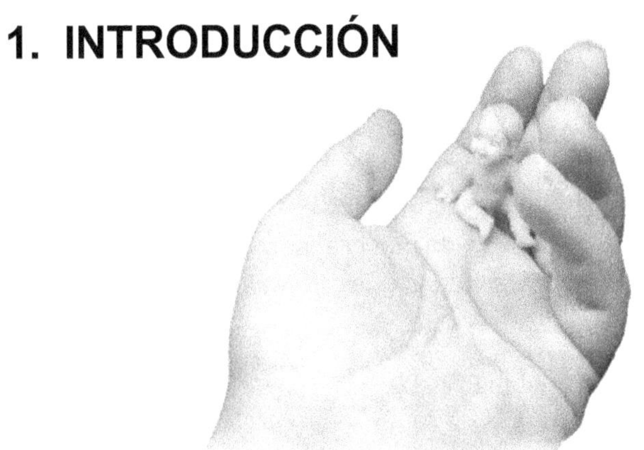

*"Es más fácil construir niños fuertes
que reparar adultos rotos."*

Frederick Douglas.

De todas las criaturas del mundo, el bebé humano es el que nace más inmaduro y dependiente del adulto para sobrevivir y desarrollarse.

En condiciones idóneas, los adultos proveerán cuidados, seguridad y afecto. Y el niño crecerá confiado y afable, con una visión positiva del mundo y de las personas. Despertará su curiosidad y sus ganas de aprender y de relacionarse para emprender un camino sin sobresaltos.

Pero esto no siempre es posible.

Hay condiciones de pobreza, inmigración o guerras que condicionan su entorno familiar. Y situaciones de incompetencia parental, de separación o pérdida, incluso de abuso o maltrato que dejan huella en el cerebro en formación del niño. Y esas heridas se mostrarán en forma de problemas emocionales y de conducta, dificultades de aprendizaje y desarrollo que, a veces, no logramos entender ni abordar de forma adecuada.

En nuestras aulas afloran necesidades y problemas que trascienden lo académico, pero cuyo abordaje es ineludible para el avance del alumnado. Y es natural sentirse ansioso o perdido como profesional, porque obstaculizan la clase, porque suponen un gran esfuerzo y porque, muchas veces, ni siquiera vemos posibilidad de mejora aun dejándonos la piel en ello.

Pero queremos cambiar tu mirada.

Queremos ofrecerte otro modo de entender y abordar los problemas de regulación emocional y de conducta en el aula. Y un modo de ayudar y guiar a las familias para una parentalización funcional y adecuada.

Porque podemos reescribir la ruta de vida de un alumno dañado o perdido, aportando experiencias de relación seguras.

Y podremos dejarle, en su raída mochila, **semillas de resiliencia** que un día serán firmes raíces desde las que afrontar nuevos retos.

Dentro de la intervención individualizada, te mostraré cómo reparentalizar con muñecos a partir de técnicas y procedimientos muy potentes y creativos, y desde el lenguaje indirecto, la metáfora y el juego.

Dedicaré una parte al trabajo con familias. Te mostraré un programa de actividades para ayudar a los padres a recuperar el vínculo con sus hijos, desde la Terapia de Juego y con propuestas de relación resilientes y lúdicas.

Y abordaré, cómo no hacerlo, las bases teóricas que permiten hacer de estas propuestas un alternativa ideal.

Con ellas empezamos, para fundamentar y entender lo que ocurre bajo los problemas de regulación emocional y conductual en la infancia y adolescencia, y poder organizar los procedimientos desde un marco científico que dote de sentido cada paso.

Porque el cerebro en formación del niño es un escenario abierto a nuevas rutas neuronales capaces de regular emociones y conducta, si restauramos el vínculo y su esquema personal del mundo.

Crearemos el entorno adecuado en que se atreva a expresar sus heridas para dejarse ayudar. Y un espacio de juego contenedor y seguro, con un adulto en sintonía y la ayuda inestimable de un compañero ideal: el muñeco resiliente.

2. EL DISFRAZ DEL MIEDO.
Las bases de la regulación emocional

EMERGENCIAS, DÍGAME:

—Estoy en peligro, hay un intruso en mi hogar.

—Tranquilícese, por favor. Y dígame cuál es la situación.

—Escuché ruidos. Eché a correr escaleras arriba. Y ahora estoy en el baño, encerrado y sin posibilidad de escape ¡No quepo por la ventana!

—¿Puede usted defenderse con algo?

—Podría atacar con el telefonillo de la ducha... pero...

—Pues está usted en un aprieto, porque nuestras unidades tardarán al menos diez minutos en llegar.

Parece que el sistema de seguridad de esta vivienda cuenta con dos mecanismos esenciales:

1. Automatismos:
   - Detectan el peligro
   - Ponen en marcha las **primeras defensas**: cerrar puertas y ventanas, emitir ruido intenso, soltar una nube de humo, etc.
   - Lo comunican a la central de emergencias

2. Central de emergencias:
   - Recoge información adicional
   - Evalúa
   - Toma decisiones: enviar ambulancia, policía, bomberos...
   - Mientras, intenta mantener en calma al inquilino

El primero de los mecanismos es rápido y automático. Está programado así: no piensa. El segundo sistema es más complejo, pero lento. Y necesita que el primer mecanismo funcione bien para tomarse su tiempo y valorar si ha sido una alarma real o no, de qué tipo: ¿incendio? ¿robo?; y decidir después si enviar a la policía, los bomberos, una ambulancia, etc.

Nuestro cerebro actúa de forma parecida.

El ser humano, como cualquier otro animal, dispone de un repertorio de mecanismos de defensa diseñados para sobrevivir.

Así, ante una señal de peligro (la visión de una serpiente, por ejemplo) nuestro cuerpo moviliza **reacciones de lucha/ataque**, **huida** o **congelación**. Y estas reacciones pueden ser muy rápidas y automáticas: dar un salto hacia atrás y correr, golpear al reptil o quedarse bloqueado y sin voz para gritar.

Con un peligro de ese calibre, ¡no hay tiempo para pensar!

Ante una señal de amenaza, el corazón se desboca y los pulmones se apresuran a enviar oxígeno a los músculos, que preparan nuestras extremidades para luchar o correr.

Y después... Ya tendremos tiempo de valorar si era una serpiente o solo una rama en el suelo, y si podía haber actuado de otro modo mejor.

Nuestro cerebro está equipado con **mecanismos de defensa** que son, en un primer momento, **muy básicos e inconscientes**. Y que se ponen en funcionamiento sin la mediación de estructuras superiores más lentas y reflexivas. Aunque, no siempre, nuestra primera reacción sea la más adecuada:

¡Quizá darle un puntapié a la serpiente no resultó una buena idea!

Estos mecanismos primarios:

- Son rápidos, automáticos, inconscientes.
- Dependen de estructuras primitivas del cerebro que ya están operativas desde el inicio del desarrollo del bebé.

Cuando no hablamos de supervivencia en términos estrictos, estos patrones de reacción pueden adoptar formas más sutiles.

Así, ante una reprimenda del profesor, un niño puede responder con **conductas de huida** como taparse los oídos y gritar para no escucharnos, cerrar los ojos para no vernos, esconderse bajo una mesa o escapar de clase. Con formas de **ataque** verbal como burlas, insultos o amenazas. O con **respuestas de congelación** más graves: niños que se muestran bloqueados, apáticos e impasibles mientras el adulto amenaza con toda suerte de castigos. Quizá porque ha aprendido que de nada le servirá huir o atacar, si no hay nada que pueda hacer para evitar la agresión que le espera.

Los adolescentes y adultos recurrimos a modos más elaborados de huida o enfrentamiento.

Un joven sabe desconectar mentalmente, mirar por la ventana o ponerse una capucha en señal de aislamiento. Puede atacar con una mirada penetrante o una leve elevación del mentón en señal de reto, o contestar con groserías y dejarnos con la palabra en la boca.

Y no cabe duda de que, en situaciones muy tensas, podrían caer en comportamientos más básicos de **agresión** física, ruptura o lanzamiento de objetos contra nosotros o sus compañeros.

Las **conductas de congelación** son más difíciles de interpretar. El adolescente puede dar la falsa impresión de que nada ni nadie le importa. Y quizá sus conductas no supongan una amenaza ni obstaculicen la clase, pero rebelan un profundo estado de indefensión y derrota, incluso de disociación con respecto a una realidad de la que no esperan poder librarse.

Pues todo esto que describimos son solo eso: conductas. Y como reconocen Bateman y Fonagy (2016), los comportamientos son solo la punta de un iceberg de un mundo interno que necesitaremos comprender si pretendemos abordarlo de manera eficaz. Necesitaremos saber qué se esconde bajo la superficie. Qué emociones, intenciones y motivaciones mueven a un niño que parece estar en continua batalla con el mundo.

Hasta aquí, parece fácil de entender.

Pero es que nos encontramos con niños y adolescentes que "se disparan" sin motivo aparente. Que despliegan todas esas conductas sin un desencadenante concreto y sin que nada ni nadie les haya provocado. Que, incluso después de estar trabajando de buen grado en una tarea, "saltan" como una bomba de relojería en una cuenta atrás imparable.

¿Qué les ocurre?

Un niño herido es como un soldado en guerra, rodeado y solo ante el peligro, con el dedo sobre el gatillo listo para disparar. Siempre alerta y sin descanso, atento a cualquier movimiento o ruido... Y al menor sobresalto huye, se agazapa o dispara.

Da igual que la guerra acabe, porque ya le ha dejado huella.

Y porque no conoce otra forma de vida más allá de la trinchera en que le ha tocado vivir.

Un niño que ha sufrido abandono, negligencia o maltrato, llega a nuestras aulas con desconfianza y ansiedad constantes. Y puede reaccionar de manera imprevisible y desproporcionada ante un ruido, una sombra, una persona que se acerca de repente o que le mira de un modo particular.

Un tono de voz determinado, una orden del profesor o un silencio, una simple palmada sobre la mesa, pueden despertar su necesidad de atacar o de huir. No sabe por qué, ni podrá explicarlo, pero algo ha despertado en su interior una profunda sensación de angustia de la que necesita escapar.

Y si le preguntamos por qué lo ha hecho, por qué ha pegado un manotazo al compañero, por qué se ha levantado como un resorte tirando la silla... Inventará una respuesta plausible: «Que alguien le ha molestado», «Que le han pegado antes». Y no lo hará por mentir, sino por dar sentido y justificar lo que ni él mismo comprende.

Porque estos mecanismos de defensa **son reacciones involuntarias y automáticas**, casi inconscientes...

¡Como las púas de un erizo!

El erizo muestra sus púas, porque dispone de un rápido y eficaz mecanismo de supervivencia que se dispara antes de saber si el riesgo es o no real.
Primero reaccionar, ¡después pensar!

El problema de estos comportamientos defensivos es que, aunque pretendan "proteger" al individuo de posibles amenazas, no siempre son funcionales y beneficiosos:

- Porque obstaculizan el normal desarrollo del niño y su adaptación personal y social.
- Porque son desproporcionadas, ilógicas e impredecibles.
- Porque son excesivamente frecuentes y reactivas, como bombas de relojería difíciles de desconectar, en un cerebro que no dispone aún de mecanismos de reflexión y control. Y da la impresión de que el "resorte" neurológico que las guía estuviese alterado.

Entonces, ¿Qué sucede?

¿Cómo podemos entenderlo para intervenir de forma adecuada?

Nos encontramos con un tipo de alumnado:

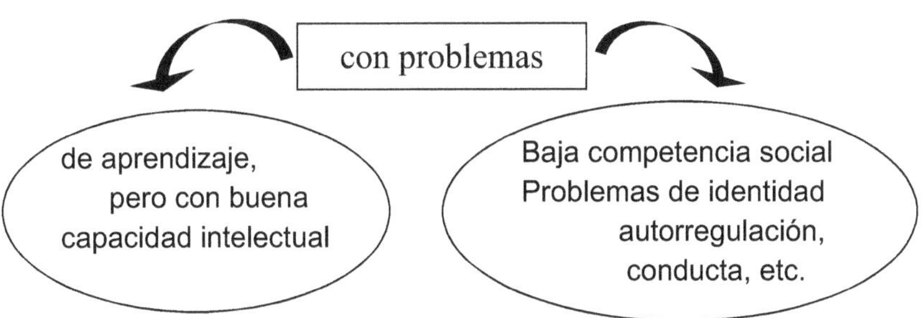

Que podemos conceptualizar como:

ANEAEs: Alumnado con necesidades específicas de apoyo educativo:
NECESIDADES EMOCIONALES

Son alumnos que muestran un desarrollo emocional que no se corresponde con su edad cronológica. Que no entienden ni saben gestionar sus emociones y conductas al nivel esperado por su edad.

Y que muestran algunas o muchas de las siguientes dificultades:

Baja tolerancia a la **frustración**
Identidad negativa, hipersensibilidad al rechazo y a las críticas
Problemas para seguir **normas**, reglas y turnos, para trabajar en equipo y respetar tratos
Ansiedad ante la incertidumbre, los cambios, los retos, el fracaso. Hipervigilancia hacia el entorno y necesidad de control
Tristeza, indefensión, ira latente, irritabilidad
Baja competencia social, dificultades de relación, inadaptación, rechazo. Bajo nivel de empatía, adopción de perspectivas; escasas habilidades prosociales y de resolución de conflictos.
Problemas de rendimiento académico (dificultades de atención, memoria, procesos ejecutivos en general), baja motivación y mínimo trabajo autónomo. Riesgo de fracaso y abandono.

Veamos un ejemplo:

No sabemos qué elemento disparó su rabieta.

El fin de la clase, si estaba trabajando a gusto, o el hecho de no haber finalizado su ficha. Que no le gusta la clase de inglés y acaba de recordar que toca inglés. O que no le gustan los cambios repentinos, la gente desconocida, las morenas de pelo largo... Algo de Sonia ha podido incomodarlo: su mirada, el vestido...

El cambio, la incertidumbre o la nueva profesora son estímulos que han conectado con un recuerdo estresante o doloroso del niño. Y rápidamente, una zona muy primitiva de su cerebro se ha puesto "en guardia": la amígdala detecta una amenaza y da la señal de alarma, activando, por medio del hipotálamo y sistema nervioso autónomo (SNA), una variedad de conductas desajustadas y sin control: las conductas defensivas.

Hemos dicho que algún estímulo del entorno ha conectado con algún recuerdo desagradable y eso ha alertado a la amígdala.

Pues bien: hablemos de la memoria y el recuerdo.

El cerebro memoriza nuestras vivencias agradables y desagradables gracias a secuencias o patrones de activación neuronal. Y esos mismos circuitos de memoria se activan cuando algo del entorno los evoca, trayendo al presente la información y emociones asociadas a ellos.

Pero ¿qué pasa si nuestro "baúl de los recuerdos" está lleno de experiencias de peligro o dolorosas, de situaciones de abandono, rechazo, incluso violentas?

¿Desde cuándo comenzamos a grabar acontecimientos de ese tipo?

Y ¿por qué es tan importante retener una información que duele?

Bueno, esta última es casi evidente: porque memorizar peligros y sus señales tiene valor adaptativo. Y por ello, disponemos también de un cerebro primitivo muy precoz en el desarrollo del niño.

Desde el inicio de su formación, el cerebro del niño "absorbe" cuanto ocurre alrededor. Para ello dispone de estructuras y complejos circuitos neuronales. Algunos, los más básicos, empiezan a ser operativos desde antes de nacer, como el sistema límbico. Otros, como el córtex cerebral, inician su desarrollo hacia el primer año y no se completan hasta más allá de los veinticinco años.

Pero hay modalidades diferentes de memoria. Kandel y cols. (2015) distinguen entre la memoria explícita y la memoria implícita. La **memoria explícita** nos permite grabar información con la que operar conscientemente. Tiene su sede en el córtex frontal y en el hipocampo, y podemos dividirla en tres instancias:

- La memoria perceptiva recoge, procesa y consolida datos sensoriales (imágenes, sonidos, texturas, etc.).
- La memoria semántica se ocupa de significados, nombres y conceptos
- La memoria episódica atesora episodios y escenas de nuestra experiencia con el mundo de las personas.

La **memoria implícita** tiene mayor importancia para lo que nos ocupa. Está relacionada con nuestros estados internos y emociones. Y depende de determinados circuitos neuronales ya funcionales desde el sexto o séptimo mes de gestación, en lo que conocemos como sistema límbico o ínsula.

Así que, al menos desde el sexto mes de embarazo el bebé capta y memoriza datos de sus sensores internos. Por ejemplo: un ruido intenso, un movimiento brusco o una caricia de la madre van a producir cambios en su ritmo cardiaco, en la presión de su entorno, en su piel, que se asociarán a sensaciones agradables o desagradables de placer, tensión o sorpresa, por ejemplo, aunque sea incapaz de ponerlas nombre y, mucho menos, de interpretarlas. Esto será después pero nunca antes de que comience, a partir del primer año de vida, la formación de estructuras corticales y de conexión interhemisférica cuya maduración tardará muchos años en completarse.

La amígdala es una estructura doble del sistema límbico encargada de memorizar y detectar señales de amenaza o peligro y las sensaciones asociadas a ella. Es la responsable de disparar respuestas defensivas gracias a la activación del hipotálamo y del SNA (sistema nervioso autónomo) que se debate entre ralentizar el organismo y ahorrar energía (sistema parasimpático) o activar defensas (sistema simpático). Mientras, las señales siguen su curso más lento hacia instancias superiores capaces de interpretar y reaccionar de modo más reflexivo: el córtex prefrontal.

Si la señal de alarma es moderada, el proceso permite la mediación de esas estructuras superiores: el córtex cingulado, como "asesor" que valora e informa a su superior, el córtex prefrontal, que estudia las opciones, prevé consecuencias y decide, mientras intenta mantener bajo control a la amígdala. Volvamos al ejemplo de «Emergencias, ¿dígame?»: La teleoperadora trataba de tranquilizar mientras recogía información y valoraba las opciones. Pero el pobre hombre ya había reaccionado sin reflexión alguna.

Si la amígdala se sobreexcita demasiado, deja al córtex prefrontal "fuera de juego" y quedamos a merced de un circuito de reacción automático y desregulado difícil de contener. Como nos pasa en esas ocasiones en que no logramos entender lo que nos dicen ni nada logra devolvernos la calma.

Nuestros caballos inician un galope sin aliento. Y ya no podremos coger las riendas de nuestras emociones desbocadas, porque la amígdala tira de ellas con una fuerza enajenada y ciega.
Y el córtex cerebral permanecerá, mareado y ausente, tendido en el interior del frenético carruaje, temiendo un desastre inevitable.

Pues bien: estos mecanismos primitivos y sus redes se forman y consolidan en los primeros años de vida del bebé, gracias a la relación estrecha y privilegiada con sus cuidadores principales, a través del vínculo de apego.

3. MÍRAME, SIÉNTEME.
El vínculo de apego

Numerosos hallazgos e investigaciones desde el campo de las neurociencias avalan la importancia de las relaciones y el vínculo que se establece en los primeros años de vida entre el bebé y sus cuidadores principales.

Esto no es nada nuevo. Desde las primeras investigaciones de Bowlby, la Teoría del Apego ha demostrado la repercusión de los vínculos afectivos que establece el bebé en los primeros años para su desarrollo cognitivo, emocional y social.

Pero además, la Teoría del Apego está adquiriendo mayor relevancia al **vincular determinados comportamientos de los niños y jóvenes que presentan motivaciones específicas y respuestas defensivas** o desproporcionadas, desde una **maduración emocional inadecuada** o, en el peor de los casos, desde un **estado mantenido de indefensión y/o alerta** por sufrir abuso o maltrato.

Se sabe que una adecuada integración y adaptación social en la infancia se relaciona con logros escolares y sociales en la infancia y en la vida adulta (Cartledge y Milburn, 1983; La Greca y Santogrossi, 1980; Michelson, Sugay, Wood y Kazdin, 1987, Monjas y cols., 1995).

De igual modo, la inadaptación precoz y los problemas de conducta pueden tener consecuencias negativas para el sujeto a corto y a largo plazo (Gresham et al., 2001; Ladd y Asher, 1985; Michelson et al., 1987. Así, se han asociado a problemas emocionales: baja autoestima, locus de control externo (Michelson et al., 1987); desajustes psicológicos y psicopatología infantil: depresión, indefensión (Beck y Forehand, 1984); problemas sociales como baja aceptación, rechazo y aislamiento social por parte de los iguales (Asher y Hymel, 1981; Asher y Renshaw, 1981); problemas escolares como bajo rendimiento (Cartledge y Milburn, 1983), inadaptación, fracaso y abandono escolar; inadaptación juvenil, conductas problemáticas y delincuencia; incluso con problemas de salud mental en la adolescencia y en la vida adulta, alcoholismo, drogodependencia o suicidio (Goldstein, Sprafkin y Gersaw, 1989).

Crear un vínculo de apego seguro es condición para un adecuado desarrollo posterior, mientras que las experiencias de **vinculación insegura**, **desorganizada** y los **trastornos del vínculo** se relacionan con una mayor vulnerabilidad y riesgo de psicopatología en la edad adulta (Coderch, 1975)

"Es más fácil construir niños fuertes que reparar adultos rotos."

Frederick Douglas.

El bebé llega al mundo inmaduro y dependiente del adulto para sobrevivir (F. López, 2008), apenas dotado de unos pocos reflejos (la succión, el llanto) y capacidad para vincularse con el adulto (preferencia por su rostro, voz, etc.). Y el adulto sintoniza con sus necesidades y le provee cuidados, seguridad y afecto.

Y en esa relación íntima y diádica se inician procesos esenciales:

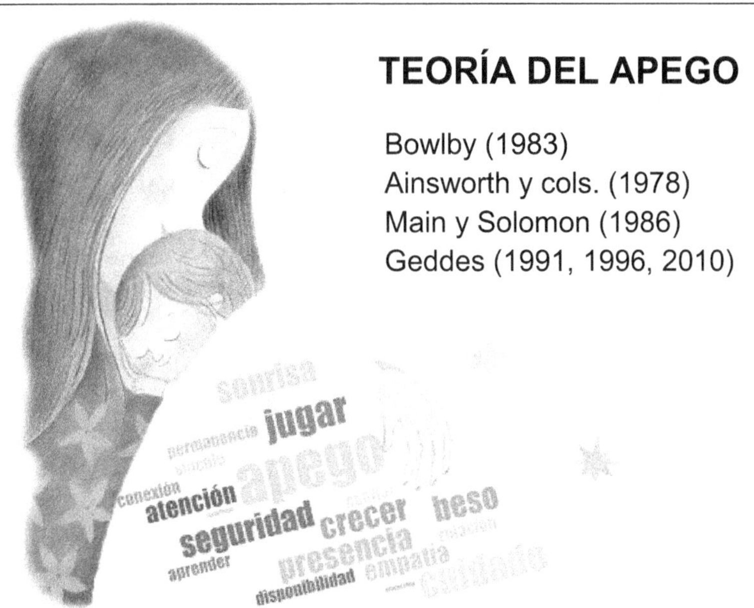

Spitz (1945) describió las dramáticas consecuencias de la deprivación afectiva en bebés institucionalizados.

Bowlby (1969) desarrolló la Teoría del Apego, como un proceso de relación privilegiada entre el bebé y su cuidador principal, capaz de responder de modo eficaz a sus necesidades.

Winnicott (1956) introdujo los conceptos de handling, holding y representación objetal para referir las principales funciones maternas en torno a los cuidados básicos (handling), contención (holding) y apoyo/acceso a los objetos del mundo físico y social.

El progenitor, en su interacción cotidiana y alrededor de los cuidados básicos, realiza funciones emocionales vitales. Porque el niño experimenta emociones que no comprende ni sabe gestionar, que le desbordan o son insoportables por su intensidad, y no dispone aún de mecanismos para hacerlas frente. El adulto las recoge, contiene y las devuelve al niño de manera tolerable y comprensible (Grinberg, 1986), con su abrazo, su voz (tono, volumen, velocidad pausada), caricias, etc. De manera que "contiene" y "sostiene" y ayuda a calmar esas emociones desconocidas, poniendo nombre, explicándolas ("Mi bebé tiene hambre", "Te has asustado, no pasa nada"). Y esto poco a poco crea "rutas neuronales", mecanismos internos que le permitirán autorregular sus propios estados emocionales en el futuro.

El adulto regula externamente lo que poco a poco será capacidad de autorregulación, aunque esa capacidad será tan compleja que requiere de la participación de áreas y mecanismos cerebrales cuya maduración, como hemos visto, no se inicia antes de los primeros años ni se completa hasta la edad adulta.

Y de todo ello, de nuestro afecto, disponibilidad y permanencia para atenderle y dar respuesta a sus necesidades, el niño aprende lo que son las personas y lo que puede esperar de ellas. Construye una imagen del mundo y de sí mismo como persona querida y digna de cuidados. Su identidad y su propia valía se gestan en interacción con las personas significativas de su entorno, especialmente en esos primeros años.

Y si todo se hace bien, contribuiremos a un desarrollo integral y equilibrado, a un niño feliz, inteligente, sociable y seguro de sí mismo. Y al establecimiento de vínculos estrechos y equilibrados, en un **modelo de apego seguro.**

De lo contrario, las consecuencias dejarán impronta en su desarrollo presente y futuro. Y asistiremos a **modelos vinculares inseguros, desorganizados**, incluso a **trastornos de apego** con consecuencias devastadoras que no alcanzamos ni a imaginar. Sobre estos modelos de apego inseguro y sus manifestaciones en el aula, remito a mi libro anterior, Terapia de Juego y Vínculo. Guía práctica para tutores de resiliencia (L. Ruiz, 2020), pues no es un contenido en el que me quiera extender ahora.

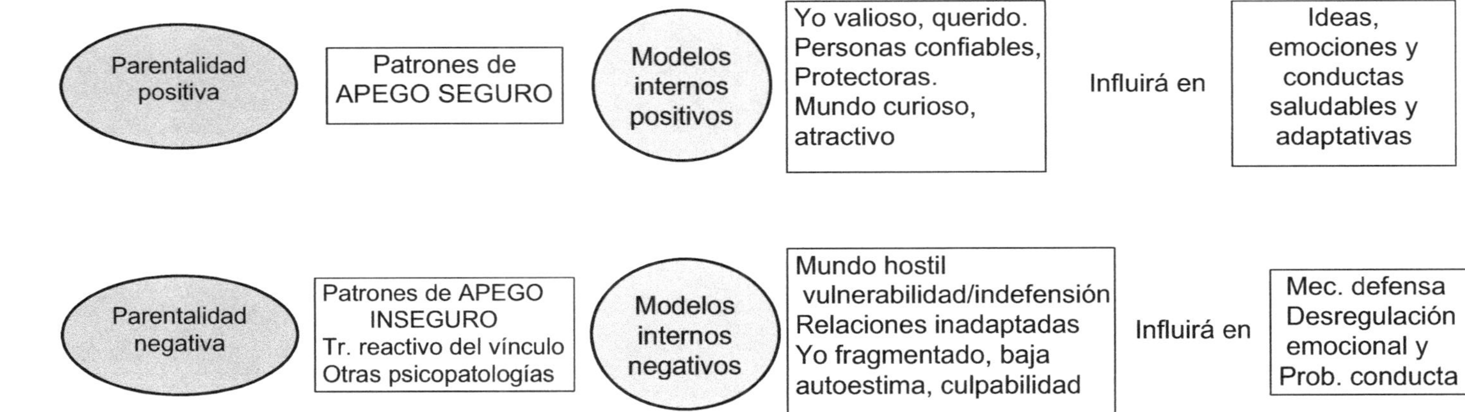

Parentalidad positiva
Patrones de APEGO SEGURO
Modelos internos positivos
Yo valioso, querido. Personas confiables, Protectoras. Mundo curioso, atractivo
Influirá en
Ideas, emociones y conductas saludables y adaptativas
Parentalidad negativa
Patrones de APEGO INSEGURO
Tr. reactivo del vínculo
Otras psicopatologías
Modelos internos negativos
Mundo hostil vulnerabilidad/indefensión Relaciones inadaptadas Yo fragmentado, baja autoestima, culpabilidad
Influirá en
Mec. defensa Desregulación emocional y Prob. conducta

4. PARENTALIDAD POSITIVA Y RESILIENCIA

El concepto de resiliencia surge en los años 80, de la mano de Cyrulnik, B. (1989), como un intento de averiguar cuál es el proceso y los factores que permiten que evolucionen de forma diferente personas con una infancia similar, marcada por la adversidad y los malos tratos. Porque **la infancia traumática influye, pero no decide el futuro**, afortunadamente. Habrá factores que nos ayuden a restaurar o compensar esas necesidades no resueltas del niño.

Una parentalidad positiva, capaz de dar respuesta a las necesidades del niño y a la vez irle guiando hacia su progresiva autonomía, construyen los cimientos de la **resiliencia primaria** (Cyrulnik, B., 2001; Barudy, J. y Dantagnán, M., 2005): aquella que proporciona al niño las habilidades y capacidad para afrontar las demandas y obstáculos propios de su edad, en las mejores condiciones. Ello se manifiesta en el establecimiento de un **apego seguro** que, a su vez, es un campo de cultivo para la empatía, la seguridad, la regulación emocional, la competencia social y el establecimiento de relaciones enriquecedoras con otras personas.

Por el contrario, y como hemos visto, los malos tratos en esos primeros años tendrán efectos nocivos en el niño, con importantes repercusiones presentes y futuras. Asistiremos a la formación de **modelos de apego inseguro**, **desorganizado**, incluso **trastornos de apego**. Y veremos aflorar un variado abanico de mecanismos de defensa al servicio del más puro instinto de protección.

Porque cuando un niño vive sometido a situaciones tensas o dolorosas de las que no es posible escapar, solo le queda adaptarse y aprender a vivir desplegando recursos que le permitan sobrellevar el daño en edades en que no puede procesar lo que le está pasando.

Así que hay un periodo de vulnerabilidad que define qué llevaremos en nuestra "mochila" para poder afrontar el largo camino que nos espera.

Aunque estamos de acuerdo con B. Cyrulnik (2001) en que "una infancia infeliz no determina la vida". Podemos compensar y restaurar parte del daño, dando a las experiencias pasadas una nueva interpretación asumible y reparadora que sea punto de apoyo para erigirse más fuertes.

> *El **proceso de la resiliencia** es algo parecido a la creación de una perla en el interior de la ostra.*
>
> *Cuando un grano de arena penetra en su interior y la agrede, sin posibilidad de evitarlo, la ostra segrega nácar para defenderse y aislar ese elemento extraño. Como resultado, se crea una joya maravillosa y brillante: la perla.*
>
> Tomado de Forés, A. y Gravé, J. (2008)

Las figuras parentales competentes proporcionan estimulación, cuidados, afecto, normas y límites adecuados. Y esto, de forma continuada y permanente, favorece el desarrollo de la resiliencia primaria (Cyrulnik, B., 2001; Barudy, J. y Dantagnán, M., 2005).

Ello no implica que los padres, cuando no lo hacen bien, lo hagan de manera intencional.

Pero las funciones parentales no están inscritas en nuestros genes de manera instintiva y libre de errores. La parentalidad está condicionada por múltiples factores:

Contexto familiar:

Situaciones de enfermedad mental o adicciones; pérdidas, haber sufrido abusos en su infancia, no disponer de redes de apoyo (aislamiento social, distanciamiento de la familia extensa, etc.) pueden condicionar una parentalidad disfuncional. Pero no solo las condiciones desfavorecidas son adversas. Se han encontrado situaciones de negligencia y abandono en familias con muy buenos recursos económicos, volcadas en su trabajo, con hijos al cuidado de personal contratado y rodeado de bienes materiales que no sustituyen la falta de relación y afecto. Además, por su puesto, existen otras prácticas más intencionales y nocivas de maltrato y abuso contra el niño, de consecuencias devastadoras.

Y a su vez, la organización y dinámica familiar está inmersa en un contexto sociocultural más amplio que modula las posibilidades de actuación de los padres, compensando o agravando la situación de partida, como veremos a continuación.

Factores sociales y culturales: Las situaciones de pobreza extrema, inmigración, persecución política y guerra, de institucionalización/orfandad, crean situaciones de riesgo para los malos tratos. La escuela y otras instituciones sociales pueden suponer, por el contrario, factores protectores y compensadores del daño.

Factores individuales: determinadas condiciones de salud o discapacidad en el niño pueden hacerlo más vulnerable al maltrato. Su capacidad para comunicar necesidades, para afrontar o pedir ayuda, su edad, etc. son elementos que pueden favorecer u obstaculizar la sintonía afectiva con sus progenitores. Pensemos por ejemplo en niños que no establecen contacto visual, o que lloran en exceso en los primeros meses por causa de enfermedad y dolor. Ambos pueden provocar exasperación y/o rechazo por parte de sus padres.

Hay una **compleja red de interacciones** entre los elementos que repercuten de manera positiva o negativa sobre el niño. De ahí, que sea necesario una evaluación comprensiva inicial, bajo una **perspectiva ecosistémica**, que permita diseñar un abordaje coordinado y multidisciplinar.

Estos contextos y su compleja dinámica de interacciones repercuten de manera incuestionable sobre el desarrollo personal, social e intelectual del niño. Pero también habrá elementos que nos permitan desviar el rumbo del daño y reconvertirlo en fortaleza.

En general, el adulto responde de manera adecuada a las necesidades del niño.

Pero, aunque esta conducta del adulto pueda parecer instintiva, no lo es. Y lejos de lo que pudiese parecer en un principio, no todos los padres saben hacer bien su papel. No es algo innato y depende de muchos factores, como hemos visto.

Necesitaremos intervenir para compensar en el niño sus carencias y para devolver a los padres los recursos y la capacitación que les permita restituir el vínculo dañado.

La mayoría de las intervenciones sobre las alteraciones y trastornos de la vinculación están orientados a modificar las pautas relacionales padres-hijos a través de procedimientos de observación y visualización guiada (Marvin, Coopeer, Hoffman y Powell, 2002)

Proponemos una aproximación sistémica, movilizando recursos y actuaciones desde diferentes contextos y profesionales:

-A nivel de aula, centro y contexto educativo.

-A nivel de recursos comunitarios (respiro, apoyo al estudio, ocio y tiempo libre, etc.)

-SS. Salud mental, SS. Sociales, en algunos casos.

-Trabajo especializado/terapéutico con el niño y la familia.

En un libro anterior se ofrecieron herramientas de trabajo para profesionales desde el ámbito educativo ("Terapia de juego y Vínculo. Guía práctica para tutores de resiliencia"). Se aconsejó además la coordinación estrecha con otros servicios externos al centro educativo que estuviesen interviniendo con el niño (SS. Sociales, Salud Mental Infanto Juvenil, etc.)

En el libro que tienes en tus manos nos centraremos en el trabajo de **reparentalización positiva** en tres líneas:

- Intervención con el niño
- Intervención con adultos
- Intervención con la familia

5. EL MUÑECO RESILIENTE

Todos hemos visto al bebé aferrarse a un objeto especial (un trapito, una almohada o un peluche). Lo lleva consigo a todas partes y lo aprieta contra su pecho para dormir o cuando se siente desconsolado y triste.

Es lo que Winnicott (1982) denomina **objeto transicional o de apego**.

Cuando el niño es muy pequeño no tiene capacidad para mantener la imagen de su cuidador en ausencia de este. Su mamá se va al salón y no "siente" que, aunque no pueda verla, está cerca y disponible si la necesita. Más adelante, el niño descubrirá que los objetos existen, aunque él no los vea (permanencia de objeto), así como las personas (permanencia de persona). Y podrá distanciarse progresivamente del adulto porque mantendrá su imagen en la memoria mientras explora el entorno.

Cuando adquiera la "**permanencia de persona**", el niño dispondrá de una representación mental de su figura de apego y de sus propiedades **segurizantes**. Hasta ese momento, el objeto transicional cumplirá la función de figura intermedia que le ayudará a controlar la ansiedad por separación de su cuidador, manteniendo las sensaciones de acompañamiento y protección cuando el adulto no esté a su lado. Gracias a ello, podrá tolerar cada vez un poquito más de distancia y un poquito más de tiempo, avanzando hacia la autonomía necesaria para explorar el entorno físico y social sintiéndose protegido.

Este objeto es, por tanto, esencial para el desarrollo de niño en todos sus ámbitos: cognitivo (exploración, acceso a la representación simbólica), social (apego, vínculo, permanencia de sus figuras de apego), emocional (elemento segurizante, regulador y de calma), etc.

Y ahora, con esa poderosa idea en nuestra mente sobre cómo funciona el objeto transicional sobre el desarrollo psíquico del niño, veamos cómo podemos investir de propiedades similares a otro objeto -un muñeco o peluche- que nos ayude con la terapia en años posteriores. Lo convertiremos en un **muñeco resiliente**.

Podemos seleccionar un peluche para dotarle de ciertas propiedades muy interesantes para trabajar con niños (y adultos) con problemas de emocionales y de apego.

García de la Hoz habla de "**investir**" para referirse a la posibilidad de colocar un manto psíquico sobre una persona u objeto con el que se mantiene una relación, proyectando sobre él determinadas características que, en principio, no le pertenecen.

Los niños lo hacen constantemente con sus muñecos cuando juegan.

Pensemos, por ejemplo, en los clicks. El niño los personaliza, les atribuye rasgos y comportamientos, y crea una historia. Algunos serán buenos y valientes; otros, aparecerán en escena para interponerse en el camino del héroe, para perseguirlo y atacarlo.

Cuando jugamos con muñecas les atribuimos hambre, frío y conductas de llanto. Entonces jugamos a ser mamás y papás, a darles de comer, arroparlas o darles un paseo en su sillita.

Personalizamos a los muñecos y les atribuimos rasgos, emociones y comportamientos que tomamos prestados de las personas más cercanas, de otras menos conocidas o de la tele, por ejemplo.

Cuando nos cuentan o leemos cuentos, hacemos algo similar: los personajes adquieren vida porque les dotamos de características humanas y jugamos a identificarnos con sus rasgos y aspiraciones, con los aprietos y fortalezas que despliegan en cada aventura.

Pues bien, siguiendo a García de la Hoz, podríamos "investir" a un muñeco o peluche con determinados aspectos que nos serán muy útiles para la terapia. Haríamos algo así como "vestir" al peluche elegido con:

- Aspectos vulnerables del niño (sus vivencias dolorosas y miedos) pero también sus fortalezas (cualidades, logros, experiencias de cariño y abrazos, etc.)

- Propiedades de su figura de apego (protección, cariño, seguridad)

- Propiedades del terapeuta (y del vínculo desarrollado durante la terapia)

¡Seguro que estás imaginando ya un millón de posibilidades!

Pues no te equivocas, porque vamos a ver lo maravillosa y versátil que será esta herramienta en las manos adecuadas.

5.2. Procedimiento general y variaciones

Yo dispongo, para mis intervenciones, de varios peluches: Lupo, el enorme oso amoroso (135 de alto), que empleo para terapia de abrazos. Otros son más pequeños como el osito Teddy, el perrito/a Randy o Berta (según preferencias del niño), la marmota Lucy; el erizo Pincho y Boli, el ratón.

Cuento además con muñecos que utilizo con adolescentes y adultos: Jim, Ana y Kity. Veremos su uso en el apartado de "Trabajo con adolescentes y adultos".

Empleo los peluches en diferentes contextos:

-En el aula, con el grupo clase

-En terapia individual con un niño, joven o adulto

-En trabajo de parentalización positiva con un niño y sus padres.

En psicoterapia individual con niños uso dos procedimientos diferentes para introducir los peluches:

1. Como continuidad de una historia iniciada con tarjetas:

Por ejemplo, estas son algunas de las tarjetas sobre erizos:

Con ellas contamos historias. Hablamos de ciertas situaciones, de reacciones de ira o miedo, y de cómo se siente el erizo cuando huyen de él los animales del bosque porque los hiere con sus púas, por ejemplo.

Pincho, el erizo, es el que utilizo tras una sesión con tarjetas sobre erizos.

Presento al peluche y le propongo al niño averiguar cómo podemos ayudar a Pincho, del que ya conocemos su historia, porque se la he contado en la sesión con tarjetas.

De igual modo, puedo partir de tarjetas sobre perros para hablar de la soledad, del miedo, de las relaciones con la familia, de morder o ser castigado por morder...

Para pasar después a presentarle un peluche del perro.

Le pregunto al niño si es perro o perrita y, según su respuesta, digo:

—Pues sí, acertaste. Este es Randy (o Berta, si dijo que era perrita).

Conectará mejor si es el niño quien le atribuye determinado género.

Más adelante te mostraré ejemplos con el proceso completo.

2. Cuando no he usado antes las tarjetas:

En las primeras sesiones trabajamos con plastilina o dibujamos algo,

para establecer un ambiente distendido y conectar con el niño.

Después, explico cómo se carga el cerebro con las preocupaciones, y cuánto nos cuesta estar tranquilos y atentos cuando el cerebro está lleno de borrones. Muestro, mientras dibujo, cómo el cerebro "emborronado" envía señales al cuerpo: nos duele la barriga o se mueven las piernas, los nervios nos recorren como una corriente...

Es lo que definimos como "**normalizar el problema**", para desculpabilizar al niño y que nos permita abordar ciertas cuestiones sin sentirse juzgado. Y hemos "**externalizado el síntoma**" con símbolos como "Garabato", un dragón o una mancha, como veremos más tarde.

Garabato, ilustración   Garabato de lana

En estos casos, le dejamos después elegir el peluche con el que trabajaremos.

—He traído a unos amigos. A veces, me acompañan para jugar con los niños. Durante el viaje, les he hablado de ti y de que me gustaría que nos ayudasen. Ahora los miras, sin tocarlos todavía. Quiero que los mires y elijas uno. O quizá notes que es el peluche quien te elige a ti, porque le gustas muchísimo y quiere ser tu amigo...

Planteada la elección de este modo, se crea la atmósfera necesaria para que el niño se deje llevar por sus preferencias o "se deje elegir" por un peluche con quien sienta cierta conexión. Facilitamos el hermanamiento con el peluche de un modo sugerente e imaginativo

Le pido que lo traiga y deposite en nuestra mesa.

Y empiezo a contarle la historia del animal, creando una metáfora narrativa que "resonará" con las vivencias del niño, pero representadas y contenidas en el peluche, con la distancia suficiente para que no se sienta excesivamente aludido o molesto, porque estamos hablando del peluche y de sus problemas. Es decir, abordamos temas dolorosos o conflictivos del niño manteniendo un umbral emocional tolerable. Avanzamos tanteando y observando sus reacciones y gestos, atentos para desviar la historia si es necesario y volver a ella más tarde.

Con el peluche sobre la mesa, ambos procedimientos (1 y 2) siguen una línea común: contaremos una historia sobre el peluche, explicamos que se siente mal y proponemos curarlo.

Esta parte podemos dividirla en cinco bloques:

a. **Relato-metáfora** de algunos de los problemas que tiene el niño, pero contados desde el protagonista-peluche.

b. El terapeuta inicia un **ritual de exploración**, haciéndose preguntas sobre qué le pasará al peluche, qué le duele y por qué.

c. **Exploración conjunta** del peluche con instrumental médico de juguete, para hallar dolencias. El niño nos cuenta lo que "le pasa al peluche". Hablamos de sensaciones físicas y emociones. Y las validamos, al reconocer que es normal que el peluche se sienta así.

d. **Rituales de curación**. El niño participa de una experiencia de cuidado y mimo, ensayando formas de consolar y querer al peluche: curar, bañar, dar masajes, peinar, etc. Además, de manera indirecta, experimenta y disfruta de los cuidados que recibe el peluche del terapeuta: nuestra voz, las caricias y el mimo con que vendamos sus heridas, son ejercicios simbólicos de curación personal. Pero no sólo recibe y "siente" desde la piel del peluche esos cuidados como respuesta a sus necesidades. El niño también aprende y ejercita modos de cuidarse y responder a sus propias necesidades.

e. Dejamos en **reposo** al peluche (y la terapia) hasta la próxima sesión. En la memoria emocional del niño queda una experiencia tranquila y segura junto a un adulto protector. Y esa imagen volverá a su mente en algunas ocasiones, cuando lo requiera, para ir reelaborando contenidos de su propia historia.

CURANDO A BERTA

Miranda, 8 años. Desde el curso pasado muestra rabietas y conductas agresivas en aumento. En cada episodio, y tras unos diez o quince minutos de insultos, gritos y patadas, se queda derrotada y llora con desconsuelo. Su papá se ha ido de casa. Tiene una orden de alejamiento por malos tratos. La niña ha vivido la tensión familiar. Pero nadie le ha explicado por qué su papá ya no vivirá con ellas. Y no sabe si le verá, ni cuándo.

Ha elegido el peluche de perro:

—Me gusta esta perrita —dice entusiasmada.

—¡Buena elección! Esta es Berta —respondo.

Dejo unos instantes que la sostenga, la mire y la toque. Entonces le pido que me la deje, porque voy a contar su historia.

—¿Quieres conocer su historia? Sus papás salían a buscar comida: huesos que roer, un poco de carne que les regalaba el carnicero del barrio. Mientras, Berta estaba en el colegio con sus amigos, aprendiendo muchas cosas. Y sus papás trabajaban mucho y, cuando volvían a casa, estaban tan cansados que no tenían ganas de nada. Ni siquiera tenían ganas de jugar con Berta. A veces, de tan cansados, se enfadaban. Y ladraban mucho. Y a Berta le dolían los oídos de tanto ladrido. Hasta que un día, el papá de Berta se marchó de casa... Nadie sabía dónde estaba, ni si volverían a verlo.

Miro a Berta con cariño, la acaricio, la abrazo. Le doy besitos. —Pobrecita Berta. Qué pequeñita es. Podemos ayudarla, ¿sabes?

—¿Sí? —pregunta Miranda.

—Seguro que te gusta jugar a médicos. Vamos a ver qué le ocurre a Berta.

Pongo sobre la mesa un saquito con material médico. Y comienzo con el fonendo, escuchando el corazón. Toco su barriguita, sus patas. Y le paso el fonendo a la niña.

—¿Quieres intentarlo?

Miranda toca con sus dedos, primero despacio. En cierto momento, pone un dedo sobre el ojo de la perrita y aprieta. Pone los dos dedos pulgares sobre ambos ojos y aprieta cada vez más fuerte, callada y con el rostro tenso. Cojo sus manos y la detengo, sonriendo.

—Creo que eso le duele. Mucho. Vamos a curarla. —Y pongo el fonendo en sus manos. —Vamos a cuidar de esta perrita. Lo está pasando muy mal.

—Vale.

Miranda prueba con el fonendo. Revuelve entre el material médico y coge la jeringuilla. Le pincha la patita derecha, la izquierda, la cara, la oreja... Parece que no va a cansarse de "agujerear" a la pobre Berta, así que reconduzco, de nuevo, la actividad.

—Es suficiente. Son demasiadas inyecciones y no le gustan. Creo que está asustada.

Cojo a la perrita, la hablo y la acaricio, intentando que Miranda me imite. Finalmente, coge el otoscopio y explora los oídos:

—Creo que le duelen los oídos. Los perros mayores ladran mucho y se muerden entre ellos —comento.

—Sí —responde Miranda.

—Podemos curarle los oídos, aquí hay un frasquito de gotas. Eso no le dolerá —. Le ofrezco el frasquito a Miranda.

—Vale.

—Mira su barriguita —le digo—. A veces, cuando estamos asustadas, nos duele la barriga.

Miranda explora la barriga de Berta. Sigo hablando:

—Berta está asustada. Sus papás ladraban mucho y se mordían. Y ella se asustaba. Podemos curarle la barriguita. ¿Qué necesita?

Miranda saca todas las tiritas, mira las vendas, no sabe qué usar.

—Podemos darle un masaje con los deditos. Así. Y algún besito en la barriga, "Sana, sanita..." Y ahora, podemos vendar o poner una gasa, ¿qué te parece?

—Una gasa —dice al fin.

Le paso a Berta y recorto cachitos de esparadrapo mientras la niña le pone la gasa, ahora con mayor cuidado. Y continuamos las curas, enseñando a Miranda a tratar con mimo a Berta.

—Mira cómo sonríe —le digo a Miranda, señalando a Berta—. Creo que está mejor. Le gusta que la cuidemos y curemos sus pupitas. Ahora, vamos a taparla con una mantita y buscarle un rincón tranquilo para que descanse hasta el próximo día que vengas a trabajar conmigo.

Miranda busca por el aula y decide despejar una zona junto a la ventana.

—Aquí, para que vea el patio.

—Estupendo, así podrá verte cuando salgas a jugar. Y sabrá que te acuerdas de ella.

Veamos el caso de **Bruno**, 13 años

En el colegio refieren: "conductas disruptivas y explosivas constantes de difícil manejo". Ha repetido 4ª E.P., sospechan cociente intelectual bajo (aunque no hay evaluación), tiene un retraso curricular significativo y recibe apoyos fuera del aula. Dicen que sus frecuentes agresiones a compañeros han provocado las quejas de las demás familias.

Desde su nacimiento, los servicios sociales supervisan a la familia, por violencia doméstica.

Sus padres se separaron cuando Bruno tenía 3 años y se dictó orden de alejamiento hacia el padre. La mamá refiere que ambos hijos Javier (16 años) y Bruno (13 años), vivieron situaciones de violencia muy fuertes, aunque Bruno sólo recibió violencia psíquica por parte de su padre. Al separarse, se fueron a vivir con abuelos maternos un par de años, donde tuvieron también dificultades.

Bruno tiene obsesión por proteger a su madre, Sara. Ella dice que, mientras come, la mira constantemente. Que cuando van al supermercado, él vigila que no la ataquen, y que está pendiente de quién se acerca o de con quién habla.

Hace cuatro años, el padre de Bruno falleció en una reyerta. Hace dos años, Javier (su hermano mayor) ingresó en un centro con medidas judiciales, pero a Bruno le han dicho que se ha ido a un internado. No ha vuelto a hablar con su hermano ni a saber nada de él. Su madre dice que estaban muy unidos, que Bruno adoraba a su hermano y lo echa mucho en falta.

En el cole también muestra una vigilancia constante. En los recreos se aleja de los demás, coge piedras o palos y se mantiene alerta. Solo se lleva bien con un compañero que es, además, vecino.

Cuando hablo con él, se muestra hiperactivo, con un discurso muy disperso y acelerado. Todo son referencias a gente mala, que ataca o mata, a compañeros que no le pueden hacer nada, porque "Yo cojo palo y mato", "Cojo escopeta y mato", "Todos me tienen miedo".

—¿Tienes escopeta? —pregunto

—Mi padre tiene escopeta. Mi padre caza "jalabís" (jabalíes), y yo cojo escopeta y mato.

Me cuenta que secuestran niños en furgonetas. Que cuando va en bici mira hacia atrás por si le siguen furgonetas. Y que en el supermercado, vigila que no secuestren a su madre.

En fin, queda patente un intenso nivel de alerta, en un niño muy asustado y tenso, con reacciones defensivas de ataque y/o huida ante cualquier señal que interpreta como peligro. Ante los profesores, es frecuente que se levante y se marche de clase, cuando se le plantea una tarea y se le corrige algún error, por ejemplo.

Es un niño que debía haber sido protegido y querido por los adultos, pero que ha sufrido y visto maltrato en su hogar primero, y en el de los abuelos, después. Y que ha vivido la marcha del hermano como abandono, sin explicaciones y sin contacto posterior.

Iniciamos el trabajo con tarjetas, intentando centrar su atención sobre ellas, porque se distrae con facilidad:

1. Tarjetas erizo

Érase una vez un erizo que caminaba por el bosque así: inflado, mostrando sus púas para que todos, todos, supieran lo fuerte que era.

—«Cuidado conmigo», decía. «Que nadie se acerque, porque os pincho».

¡Qué miedo le tenían todos! Se pasaba el día gritando, dando palos o empujones. Sus amigos lloraban y se quejaban a sus mamás.

Pero después de un paseo luciendo sus largas púas, se sentó a pensar.

«Nadie quiere jugar conmigo. No tengo amigos. Son todos malos»

Cuando volvía a casa, lo primero que hacía era mirar a los lados, por si había un ladrón o alguien peligroso.

—Sí, porque los malos matan gente —dice Bruno.

—Miraba debajo de la cama, en los armarios, en la despensa. Cuando terminaba, iba donde su mamá para darle un beso. Al erizo le gustaba cuidar de su mamá.

—Yo la cuido —dice Bruno—. Y vamos a comprar comida y vigilo que no se acerque nadie. Y cojo un palo y si se acercan, les pego palos.

—El erizo tenía miedo —retomo la historia—. Porque había visto cosas... Había visto a los mayores pegarse.

—Sí, dos de mi barrio sacaron navajas... (me cuenta, a su modo, sucesos que ha escuchado o presenciado, o que se inventa).

—Pero el pobre erizo tenía miedo también en el colegio —dije.

—Sí. En el colegio te pegan y te rompen la ropa. Y viene la policía y se lleva a los malos —seguía Bruno.

Bruno apenas me deja terminar las frases, porque le invaden ideas de agresividad y violencia que muestran el elevado grado de angustia en el que vive.

—Bueno, Pues el erizo tenía maestros muy buenos que cuidaban de él: una ardilla, un conejo, un ratón. Un día se juntaron sus compañeros para decirle:

«Amigo erizo, no tengas miedo. En el cole, todos nos cuidan. Si guardas el palo y los pinchos podemos ser amigos»

Porque sus compañeros no eran malos, ¡Qué va! Era solo, que el erizo tenía miedo y les pegaba.

Lo he resumido mucho, pero trabajamos sobre los miedos, sobre cómo se sienten los demás cuándo amenazamos o agredimos, etc. Le propuse ayudarlo, porque en los recreos le daremos señales para que "se calme el erizo", y le enseñaremos a sonreír y a jugar con los demás niños.

En otra de las sesiones, saco a Pincho, el erizo.

2. Curando a Pincho

—Este es Pincho. Es un erizo muy lindo, pero no tiene amigos.

—Porque pega—dice Bruno.

—Sí. Qué listo eres. Ya sabía yo que te acordarías de las tarjetas. Pues Pincho estaba triste, porque no tenía amigos

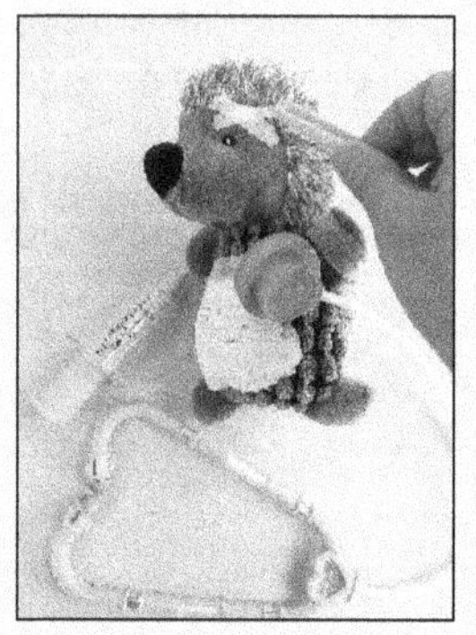

—Yo tengo uno: Juan.

—Sí. Lo sé. Pero Pincho, estaba triste. Porque se pasaba el día amenazando a los animalitos del bosque. Tenía miedo de que se metiesen con él, así que les amenazaba. A veces prefería estar solo: y cuidaba el huerto, plantaba patatas y zanahorias...

—Como yo. —A Bruno le encanta trabajar en el huerto del colegio.

—Pues he traído a Pincho porque vamos a curarlo. ¿Qué te parece? Verás, lo vamos a posar aquí y lo primero, lo primero, vamos a tranquilizarlo, porque siempre está nervioso.

Empiezo a acariciar al erizo, lo hablo con ternura:

—Pobre Pincho, creo que lo has pasado mal, que estás asustado. Piensas que el resto de los animales del bosque te van a morder o a pegar. Pero Bruno y yo te vamos a cuidar.

Cuando inicio la exploración, Bruno se pone nervioso y habla de muchas cosas. Pero asocia lo que digo con experiencias propias y relata trozos inconexos.

—Creo que le duele la cabeza, ¿quieres mirar?

Bruno mira con el fonendo, le toca y dice que sí. Que le han pegado palos en la cabeza y que le duele. Miramos las patitas, que siempre quieren correr, porque está asustado... Pero le vamos a curar y ya no necesita asustarse. Porque los mayores cuidamos de los pequeños. Y en casa, ya no hay golpes...

—No... pero si entran ladrones... —dice Bruno.

—No. La mamá es muy fuerte y cuida de Pincho. Y en el cole, le cuidan sus maestras. Y los compañeros le quieren, no le pegan. Y Pincho, que es muy valiente, se atreve a tirar el palo y dará una oportunidad a sus compañeros. ¿Y la barriguita?

—Le duele todo. Este bicho ha sufrido mucho. No puede ser. Todos le han hecho sufrir —dice Bruno, moviendo la cabeza.

—Sí. Tienes razón. Pero todo va a ir mejor. Porque los mayores saben lo que le ocurre y van a ayudarlo.

Seguimos hablando sobre miedos. Pero también sobre cómo se sienten el resto de los animales cuando Pincho los amenaza y agrede. Y le decimos al peluche que se tranquilice y que juegue sin miedo, porque en el patio hay maestros cuidando de todos.

Pincho se queda curado y tranquilo, por hoy.

Esa semana, los profesores le vieron jugando al futbol con sus compañeros, por primera vez. Es verdad que hablamos también con Juan, su único amigo, para que le animase a hacerlo. Y fue una gran ayuda.

Más adelante, trabajamos también sobre sus sentimientos con respecto a Javier, su hermano.

5.3. Funciones del muñeco resiliente

Todos y cada uno de estos muñecos/peluches pueden desempeñar funciones muy valiosas para la terapia:

1. Función Transicional:

El peluche sirve de puente entre sesiones, manteniendo el recuerdo de lo trabajado y permitiendo nuevas tareas y progresos en ausencia del terapeuta. Porque las imágenes son poderosas y se llevan en la mente. Y porque, en determinadas ocasiones, el niño/adulto se lleva consigo el muñeco o peluche, como también veremos.

2. Coterapeuta.

Para un niño dañado, los adultos no siempre inspiramos confianza. Especialmente si ha sido víctima o si ha presenciado algún tipo de violencia, si se siente aislado o experimenta rechazo por parte de los iguales; si han intervenido los servicios sociales o ha sido derivado a salud mental, etc. Y puede ser muy sensible a cualquier comentario que le haga pensar que es distinto o que hay algo malo en él.

Llevar conmigo un amigo de peluche rompe sus esquemas, relaja el ambiente y despierta su curiosidad. Crea el contexto emocional necesario para trabajar desde esa parte irracional, lúdica e imaginativa. Es una invitación a jugar y a dejarse llevar por la magia, sin peligro.

Así pues, como coterapeuta, es un elemento de apoyo que:

- Crea un ambiente distendido

- Favorece la comunicación (Véase ejem. "Cuéntaselo a Rufo")

- Ayuda a poner ejemplos, a modelar y ensayar habilidades de afrontamiento, etc. que inicia el peluche y el niño imita.

3. Función Mediacional:

El peluche es un tercer elemento sobre el que centrar la atención conjunta. Relaja la tensión del contacto visual con el adulto y la referencia directa a los problemas del niño, muy punzantes en víctimas de abuso o maltrato.

Cuando un niño pide que sea yo quien abrace a Lupo (el oso grande) y mira en silencio, de algún modo siente un abrazo que aún no es capaz de dar ni recibir. Y creará un puente que me permita abrazarlo después.

4. F. Vincular:

Con el peluche reproducimos rutinas de relación diádica de modo simbólico, metafórico e indirecto. Permite reconducir vivencias emocionales no integradas o dolorosas y restaurar vínculos: sentirse protegido, atendido y reconocido en sus necesidades de niño a través del muñeco:

- En el ejemplo de "Mi dulce osito", esta actividad permite decir "Te quiero" y sentirse querido. Rompe la barrera inicial que impone la vulnerabilidad de las emociones.

- El peluche facilita el nexo con el adulto, la sintonía afectiva.

- Despliega funciones asociadas a la figura de apego: algunas tienen que ver con los cuidados básicos (alimentación, abrigo, aseo) y con la protección y seguridad necesarias para la supervivencia. Otras, con la sintonía afectiva y la regulación emocional, porque ayudan al niño a reconocer y regular emociones. El niño se ve reflejado en el adulto y recibe feedback para confirmar que el adulto lo quiere y protege.

5. F. Segurizante:

Hablamos del peluche, de sus miedos y carencias, de sus conductas y errores. Curamos, acariciamos, mimamos al peluche. Hacemos cosas sobre un "plano representacional", no tan directo como para hacer aflorar emociones dolorosas con tanta intensidad que resulten intolerables. Ni con el peligro de que el niño se sienta aludido, cuestionado y "se distancie" o huya de la situación. Trabajar así permite:

- Explorar, acceder a lo oculto. Traerlo al presente para hablar, entenderlo y reprocesarlo de un modo saludable, integrándolo de nuevo en su historia personal.

- Participar de una experiencia sanadora vicaria, simbólica. Con la distancia necesaria y dentro del umbral emocional tolerable.

6.   F. Reparadora:

Porque en ese plano simbólico, en que la parte consciente se relaja y deja fluir sin filtro las memorias emocionales antiguas, se crea un "puente transicional" para la curación. El niño accede a lo no dicho, a lo que no ha podido ser elaborado y lo expresa.

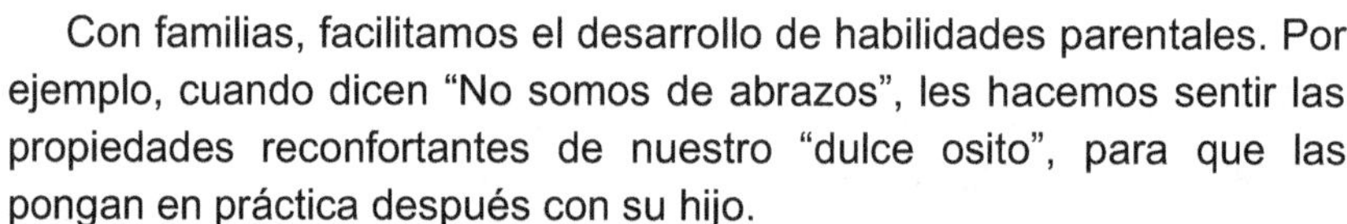

Simbólicamente, devolvemos al niño sus experiencias emocionales reformuladas. Damos otra interpretación a lo vivido, para que pueda aceptarlo sin tanto daño. Le hacemos ver sus fortalezas, le recordamos los elementos protectores de su entorno. Le guiamos, a su ritmo, para cubrir sus necesidades no resueltas, para que reconstruya aquello que fragmentó su historia y lo reintegre a en su memoria emocional ya reparada.

7.   F. de aprendizaje

Ver al terapeuta en acción con el erizo permite la adopción de perspectivas y la comprensión de emociones en los otros: ¿Qué le ocurre a Pincho?
Y de ese modo, acceder a la comprensión de uno mismo: ¿Qué me ocurre?, ¿Cómo me siento?

Ver a otro curar heridas, bañar o acariciar al peluche, provee habilidades de autocuidado muy eficaces para niños y adolescentes que se autolesionan.

Con familias, facilitamos el desarrollo de habilidades parentales. Por ejemplo, cuando dicen "No somos de abrazos", les hacemos sentir las propiedades reconfortantes de nuestro "dulce osito", para que las pongan en práctica después con su hijo.

8.   F. Resiliente

El niño que cuida al peluche aprende cuidados reparadores: observa, explora y atiende al peluche. Con ello, adquiere recursos para dar respuesta a sus propias necesidades cuando se vea solo, inseguro.

Cuando trabajamos con adultos, reeducamos su parte de "Padre nutritivo", capaz de atender sus necesidades no resueltas de la infancia. Y establece una nueva relación consigo mismo en la que puede escuchar y entender sus propias necesidades de niño dañado, aceptarse y cuidarse desde su posición actual de adulto. Se fortalece y capacita para afrontar nuevas frustraciones y carencias.

Veamos algunas de estas funciones con ejemplos.

1. El peluche funciona como **objeto transicional** que el niño podrá llevar consigo (mentalmente o de verdad). En ese muñeco (o recuerdo del muñeco) permanece entre sesiones la figura del terapeuta, de su madre (si lo hemos vinculado a ella), o de sí mismo (si estamos representando una parte del niño). Permite dar continuidad a las sesiones porque, entre ellas, el niño puede ver y seguir cuidando a su peluche o elaborando mentalmente contenidos que hemos trabajado. Veamos el siguiente ejemplo: "Cuidando a Lucy".

Cuidando a Lucy

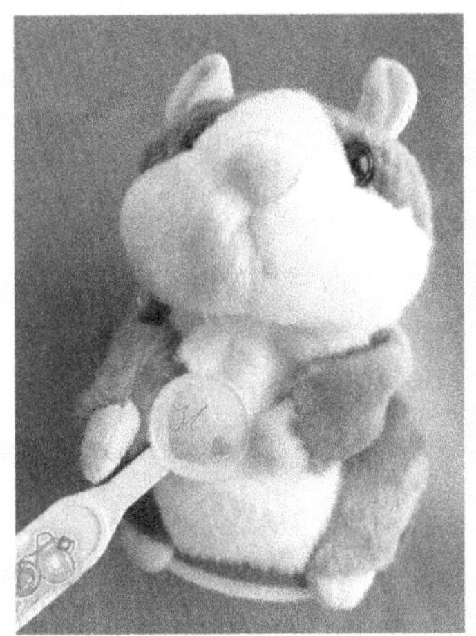

Para esta ocasión, llevé conmigo a Lucy, que enseguida captó la atención de **Kevin**.

—He traído a una amiga, se llama Lucy. Me gustaría contarte su historia.

Kevin alzó los hombros, mirando hacia el peluche.

—La iban a tirar a la basura. Llevaba años en la estantería de los peluches sin que nadie la comprase. Creo que a los niños no les gustan mucho las marmotas. Prefieren osos, conejitos o perros... La encargada de la tienda me dijo que, con el tiempo, estaba cada vez más triste... Qué tontería ¿verdad?

—Es de mentira —dijo Kevin.

—Sí claro. No es más que un peluche... Pero la dependienta me contó muchas cosas y me dio tanta pena... Verás: algunas mañanas, se la encontraba en el suelo. Otras, apretujada al fondo del estante, como arrinconada por los demás peluches o escondida. Creo que, por su mirada triste, le costaba hacer amigos. No era muy simpática supongo... A veces pasa eso: nos cuesta hacer amigos y terminamos solos, al fondo de una balda.

—Si —respondió.

—Pero, claro, es difícil ser simpática cuando te sientes mal por dentro. Lucy tenía problemas. (Hago un silencio, para que el niño piense en "problemas").

—Yo la cogí, con mucha ternura. Y mientras la tenía así, abrazada contra mí, quise mirar cómo eran sus compañeros de la estantería de los peluches. ¿Qué crees que había alrededor?

—Alguno malo. Siempre hay malos.

—Sí, algunos daban miedo de verdad, porque eran feos y con cara de malas pulgas. Alguno, era muy grande y no tan blandito, con garras como los animales salvajes. Otros, eran más pequeños que ella, pero supongo que no podían ayudarla. Y su familia... me costaba encontrar a su familia.

—¡No estarían con ella!

—No. Supongo que estaban trabajando... Trabajaban mucho, y solo los veía por la noche. No tenían tiempo para ella. Debía sentirse muy sola allí.

—Ya te digo —soltó Kevin.

Me quedé un rato callada, mirando a la marmota. Y Kevin hizo lo mismo.

—Cuando fui a pagar, descubrí que tenía heridas... por aquí ¿ves? Su pelo estaba sucio y casi no se veían los ojitos. A lo mejor, de llorar... Pero yo sabía que podía ayudarla, porque ayudo a los niños.

Kevin tomó en sus manos la marmota y la giró para explorar.

—Está limpia

—Sí, la he bañado. Y la he curado, pero aún está triste. He pensado que podías ayudarme. He traído estas cosas.

Pongo sobre la mesa un fonendoscopio de juguete.

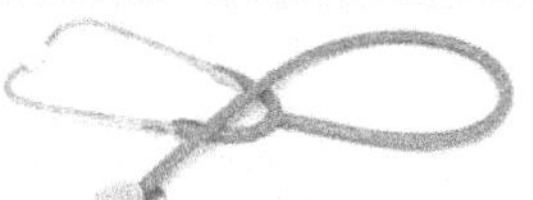

—Esto es de médicos —dijo Kevin.

Me puse el fonendo en los oídos y comencé a auscultar a Lucy.

—Ajá. El corazón va despacito. Parece triste. Y me parece que aquí, en la barriga, tiene molestias ¿Qué le pasará? ¿Estará nerviosa?

—Igual tiene miedo —dijo Kevin

Le pasé el fonendo. Fui guiando su exploración, haciendo preguntas. El niño buscaba zonas de dolor. Juntos hablamos de lo que le ocurría a Lucy y la curábamos. Poníamos vendas, tiritas, echábamos gotas en los oídos, etc.

No mucho más. En esa sesión, solo quería trabajar la tristeza y la rabia que debía sentir Lucy cuando la rechazaban sus compañeros.

Le pregunté si quería llevarla a casa hasta la siguiente sesión. Decidimos que pediría a su madre una mantita para arroparla y colocarla en su habitación.

Le expliqué a la madre nuestro trabajo y la importancia de que ayudase a Kevin a buscar un lugar confortable para Lucy, recordando que debía traerla la siguiente semana.

Necesitaba además trabajar con los padres: recuperar el tiempo de juego y de relación con el niño: "tiempo de calidad" para restaurar vínculos.

Pero esa parte la veremos en la intervención con familias.

Kevin se lleva consigo el peluche. Hemos explorado y hablado de los "sentimientos de Lucy", como metáfora de las situaciones que experimenta Kevin cada día. Juntos hemos comprendido y dado mimos a Lucy. Pero Kevin está compartiendo esta experiencia sanadora de sentirse escuchado y curado. Se lleva a Lucy y, con ello, el recuerdo de lo trabajado, confiando en que la arropará, la hablará y cuidará, como le hubiese gustado a él cuando se ha sentido así. Si la mamá colabora, Kevin sentirá cómo ella recoge y protege esa parte de él que no está siendo atendida (sus problemas de relación en el cole, su sensación de rechazo, su soledad, etc.). Y lo sentirá a través de la marmota porque, inevitablemente, nuestro inconsciente revive, asocia y recompone, como si lo experimentase directamente el propio Kevin (que todavía no puede hablar de sus problemas de marera directa).

Imaginemos que no se hubiese llevado la marmota. Quedaría en mi despacho, arropada, tal como la dejamos, hasta la siguiente semana. Aun así, Kevin llevaría en su mente un ancla poderosa, una imagen de la marmota con vendas y tiritas, de nuestros mimos, de las sensaciones reconfortantes de la actividad. Y de la certeza de que podemos curar la tristeza o los miedos, como hicimos con Lucy.

Lucy es un objeto transicional que permite mantener el recuerdo de lo trabajado conmigo en el tiempo entre sesiones.

2. Como coterapeuta

A veces, llevo alguna de mis marionetas: Rufo o Edy.

Mientras Rufo habla, el niño lo toca mirando muy atentamente sus patas, mete la mano en la boca, en sus orejas. Toca a la marioneta cuando aún no es capaz de acercarse a mí. Y, sin querer, se acerca tanto, que acabamos los tres muy juntos y hablando como si nos conociésemos desde hace mucho tiempo, aunque no sea así.

Rufo le pide que recuerde lo aprendido para estar tranquilo en clase, y el niño se ríe y enumera las instrucciones. Rufo apoya el conteo con sus dedos, «Primero: me siento bien; Segundo: dejo mis manos quietas. Tercero: escucho»

Rufo   Edy   Lana

Con Lana, mi perrita de aguas, la conexión es instantánea. Lana se acerca un poco y se sienta. No invade al niño. Espera que sea él quien se acerque. Mientras el niño la acaricia, yo le cuento alguna historia. Es suave y cálida. Muy tranquila. El niño no puede evitar el contacto, necesita tocar su pelo, su barriguita, sus patas. Cuando Lana mira al niño, este se siente querido. Nada malo puede pasar en esa sesión.

Pertenezco a una asociación de Terapia Asistida con Animales y llevamos mucho tiempo contando con perros para trabajar con diversos colectivos (niños con discapacidad, ancianos, colegios de educación infantil y primaria, etc.). Los perros tienen una sensibilidad especial para adaptarse al niño, para percibir su estado emocional y dejarle hacer. Y los niños se relajan, conectan e inevitablemente "quieren" al animal. Establecen vínculo con rapidez. Cepillan, dan agua, comida. Pasean con cuidado al perro, lo llevan al jardín a hacer "sus cosas". Y todo, bajo la atenta mirada del educador que le hace ver al niño sus habilidades y el cariño especial que surge entre ambos.

3. Como objeto mediacional.

He trabajado con niños que rechazan el contacto visual y la cercanía del adulto. Niños aislados, encerrados en sí mismos, desconfiados o temerosos, que no aceptan abrazos o besos. En estos casos me es de gran utilidad Lupo, el oso amoroso.

En muchos casos, antes de utilizarlo con un niño en concreto, lo doy a conocer a la clase, para "normalizar". En un primer momento, favorece un ambiente distendido y de risas. Pero después los niños se lo toman en serio y parece que el oso va adquiriendo un poder especial...

Así lo hice con Unai. Primero lo presenté a la clase, hicimos una fila para abrazarlo (solo dos niños rehusaron, entre ellos, Unai). Al terminar la clase, le dije que necesitaba trabajar un rato con él y le pedí que me acompañase a otro aula.

A Unai los maestros lo describían como TDAH (Trastorno por déficit de atención con hiperactividad). Además, se negaba a trabajar en clase: rompía las tareas, retaba constantemente al profesor, hacía ruidos molestos o cantaba en clase. Le costaba permanecer sentado. No toleraba que lo tocases para calmarlo, ni el contacto visual directo.

Su mamá pasaba largos periodos en cama, incapaz de encontrar motivos para levantarse, cuidar de su hijo o dar un paseo. El padre trabajaba muchas horas y apenas podía dedicarle algo de tiempo a Unai, desbordado por la situación y su dificultad de entender la enfermedad de su esposa y hallar cómo ayudarla.

La primera sesión con Unai fue complicada. No paraba sentado, se reía, me ponía a prueba constantemente tocando objetos y hacía amago de lanzarlos. Mantuve la calma y empecé a contar historias con tarjetas a las que Unai atendía de forma intermitente.

Al finalizar la segunda sesión, le pregunté si quería despedirse de mí con un abrazo (se negó). Le propuse entonces despedirse de Lupo y dudó. Yo cogí el oso y lo abracé. Pero Unai se marchó del despacho sin decir nada.

En la tercera sesión, trabajamos con plastilina. Le gustaban los perros, así que elegí un dibujo para rellenarlo con plastilina de colores. Me miraba de reojo de vez en cuando, aunque ya aceptaba que me sentase bastante cerca. Yo le había preguntado, en la primera sesión, si le parecía bien que el oso estuviese con nosotros. Así que el oso permaneció en el sitio elegido por Unai en todas las sesiones.

Hay que decir que siempre elijo algún tipo de mesa bajita, redonda o pupitre del que usan ellos, para situarme a su altura. Nunca detrás de una mesa de despacho ni cualquier otro mobiliario que transmita "seriedad" o que les recuerde las múltiples ocasiones en que les envían como castigo "al director" o al "jefe de estudios".

Al finalizar, le pregunté de nuevo si quería despedirse de mí con un abrazo, o si prefería abrazar a Lupo.

—A Lupo —contestó.

Y mientras lo abrazaba, yo abarqué a ambos con mis brazos, sin posibilidad de escape

—Yo también os quiero —dije entre risas.

—No puedo respirar —se quejaba. Intentaba zafarse, pero reía.

—Te está gustando nuestro abrazo, no mientas —reía yo.

Y no sé cómo, pero acabamos los tres en el suelo, Unai quejándose un poquitín, pero sin levantarse (que podía). Y, al finalizar, le dije:

—Me ha encantado el abrazo. Nos vemos la próxima semana.

—Vale —respondió serio. Pero noté que se iba más relajado.

En las siguientes sesiones, abrazó y fue capaz de decir "te quiero" al oso, no sin cierta incomodidad. Más tarde, cuando le preguntaba si quería un abrazo mío, levantaba los hombros por más respuesta, pero se dejaba (con sus brazos colgando y sin abrazarme).

—En mi casa no somos de abrazos —confesó. Y me pareció que era una buena oportunidad para trabajarlo también con sus padres.

Pero la semilla estaba prendida: empezaba a aceptar halagos, abrazos y señales de que era un niño valiente y digno de afecto. Y, por supuesto, unas pocas sesiones más bastaron para que aceptase, de buen grado, un enorme abrazo de osooooooo.

4. Función vincular.

El peluche y la actividad en torno al peluche permiten crear un espacio de relación con el terapeuta desde el lenguaje natural del niño: el juego. No le interrogamos, no indagamos en su vida, no le hablamos de su mamá que le pega, o de su papá que abusó de él. No regañamos por sus agresiones en el recreo. Jugamos. Hablamos del peluche, nos inventamos historias, nos reímos. Tocamos, sentimos la textura blandita y suave del peluche. Nos acercamos al niño en un ambiente distendido, con elementos que despiertan su curiosidad y relajan su desconfianza y defensas. Invitamos, sugerimos, sorprendemos... Le dejamos descubrir una relación agradable, motivadora, donde se siente escuchado, aceptado. Iniciamos un vínculo diferente al que está acostumbrado.

—Hablas mucho y trabajas poco —me soltó Unai mientras poníamos vendas al erizo.

—Sí. Tienes razón. A veces hablo mucho, ¿eh? Pobre erizo, como nunca se queja... Estábamos buscando qué le ocurría al erizo —continué—. No jugaban con él, no le sacaban al parque. No le dejaban ver la tele porque hacía ruido. Su mamá se metía en cama y parecía olvidarse del erizo...

Unai, al principio, se mantuvo cayado y no quiso participar para curar al erizo. Así que empecé yo, mostrándome muy entusiasmada con mi labor sanitaria. En cierto momento, le pasé un termómetro y lo cogió. A partir de ahí, yo escuchaba con el fonendo y se lo pasaba a él. Luego necesitó una inyección y le pregunté si quería hacerlo.

—No me gustan las inyecciones.

—Es verdad... Entonces, podemos vendarle. ¿Me ayudas?

Unai sostuvo la venda para que yo la cortara. Después le pasé un trozo de esparadrapo y él lo pegó. Para un chaval que no aceptaba ni que te sentases a su lado, ese era un gran avance. El erizo nos permitía trabajar juntos en una actividad común. Me permitía guiar la actividad y pasarle pequeñas tareas. Al pasarle utensilios, tocaba sus dedos. En algún momento de risas posé mi mano en su hombro, y se retiró, pero no se levantó de la silla, que era su reacción habitual.

Estaba confiando en mí. Estábamos hablando de la madre del erizo y, aunque se sentía incómodo, no se marchó. Sólo me lo advirtió: "hablas mucho...". Yo estaba tocando un punto doloroso (la relación con su madre), pero me dejó seguir.

Estábamos creando una relación de confianza, de cariño, de risas. Hablábamos de emociones, algo desconocido para él. Y yo le mostraba que atendía al erizo, que lo curaba. Le estaba haciendo "sentir" que yo era un adulto protector.

—Esto está fatal. No sabes poner vendas —me soltó. Cuando Unai empezó a hablar, sus frases eran un tanto hostiles. Seguramente hablaba como le hablaban en casa, y dejaba escapar cierto resentimiento, que yo debía recoger y reconducir sin reaccionar como estaba acostumbrado.

Establecimos un tipo de relación muy diferente al que conocía. Se estaba creando un **vínculo especial**, acogedor, seguro y resiliente, que reforzaríamos a partir de ese momento

5. La función segurizante del peluche ya se habrá intuido a partir de los ejemplos anteriores. Conectar con las emociones del niño a través del peluche y de las metáforas, para no abordar de modo directo las experiencias dolorosas, permite crear un espacio seguro en el que podemos estar atentos y regular cualquier emoción que exceda el nivel soportable para el niño.

Existe una **ventana de tolerancia emocional** (Ogden, 2016), fuera de la que no somos capaces de procesar ni de entender nada, porque la intensidad de las emociones nos desborda. Cuando se sobrepasa este umbral, se rompe la conexión niño-educador, hemisferio izquierdo-derecho, consciente-inconsciente, pasado-presente. Se rompen los puentes que nos permiten acceder a esa profundidad dolorosa y no superada. Cuando el dolor no se puede manejar, intentar hablar de él puede llevar al "secuestro amigdalar", a la disociación o al descontrol impulsivo (inquietud, angustia, movimientos, agresión, escape). Y el niño no estará en condiciones de entender la explicación que le damos. Ni siquiera estará en condiciones de escuchar.

Por eso, el peluche y los procedimientos que te mostramos, son un camino ideal con pocos baches, que nos permite acceder, reformular y reconstruir las partes dañadas del niño, mostrándole herramientas y nuevas formas de afrontar sus obstáculos.

El niño siente el respaldo protector del adulto que le acepta sin juzgar, que le acoge y le quiere. Él solo juega y se expresa cuando puede. Pero también escucha y procesa, recoge lo que necesita sin ser consciente de ello. Porque estamos aprendiendo sobre la vida sin notarlo, como cuando nos leen un cuento y experimentamos el vértigo del protagonista a punto de caer por un barranco, pero con la certeza de que no vamos a caer con él.

En el ejemplo anterior, Unai no se siente interrogado (ya sabemos que evita hablar de su madre).

En sesiones posteriores me dijo "Mi madre no me quiere" con una certeza desgarradora, que había callado hasta ese momento.

Pero en esta sesión, hablábamos del erizo. Solo del erizo. Y solo cuando se sintió seguro, pudo expresar su herida: «Mi madre no me quiere», y mirarme esperando algún tipo de respuesta.

6. F. Reparadora

Un niño dañado puede crecer con la convicción de que no es digno de cariño. Pero no sabrá expresarlo porque no tiene la capacidad de introspección y análisis necesarios para hacerlo.

Kevin, al que ya conoces, tenía conflictos en los recreos. No sabía relacionarse y pegaba a sus compañeros. Le rechazaban y se  enfadaba aún más. Había en él inquietud y rabia contenidas que descargaba sin control. Abordamos el tema hablando de Lucy, la marmota, y de su soledad.

Y más tarde hablamos de los padres de Lucy, a los que enseguida imaginó Kevin trabajando mucho tiempo fuera de casa (como los suyos). Exploramos cómo se sentía Lucy con relación a sus padres y cambiamos su narrativa: «No es que no la quieran. Es que sus papás no saben que se siente tan sola. Pero seguro que van a encontrar el modo de pasar más tiempo con ella. Entre los dos, se lo diremos a sus papás.»

7. Función de aprendizaje

Qué importante es para un chico que se autolesiona, por poner un ejemplo extremo, aprender formas de relacionarse consigo mismo más saludables. Entender sus necesidades, aceptar sus problemas, ver y experimentar conductas de autocuidado, son una forma poderosa de cambiar hábitos y sus motivos subyacentes.

—Hay perros que, cuando están nerviosos, asustados o ansiosos, se mordisquean las patas hasta hacerse daño. Mi perrita lana, por ejemplo. En invierno, si pasa muchas horas encerrada y sin poder dar un paseo, por la noche se muerde con saña las patitas. Parece que se muerde las uñas, pero termina haciéndose sangre. Una vez, descubrimos que se arrancaba zonas de pelo y se irritaba la piel. Luego supimos que tenía problemas en una muela.

 He traído un animal de peluche. Y quiero que me ayudes a pensar cómo podemos hacer que Lana no se haga daño cuando se sienta así. Después intentaré repetirlo yo en casa.

—Vale.

Ibay tiene 12 años. Hemos descubierto cortes en sus brazos. Ha reconocido que lleva tiempo haciéndolo. Que también tiene lesiones en sus piernas, que lo hace en zonas que pueda cubrir fácilmente con la ropa. Y que no puede evitarlo.

Cuidaremos al muñeco. Y llevaré aloe vera, para las heridas.

8. Función resiliente

Creo que junto a los beneficios mencionados y, como resultado de todo ello, podemos recomponer y hacer más fuerte a la persona. Contamos con dos vías principales: la palabra y la acción (el modelado).

Cuando hablamos, manejamos el contenido y la forma del mensaje. Por un lado, el relato metafórico ayuda a entender, aceptar y dar un nuevo significado a lo vivido. Por otro, el propio lenguaje y sus aspectos formales (tono, ritmo, silencios, las palabras elegidas, etc.) permiten deslizar mensajes muy concretos bajo su umbral de conciencia: «Es normal», «No pasa nada», «Sabes», «Puedes», etc. Resaltamos logros. Hacemos notar que pudo, que sabe, que venció... Centramos la atención sobre su capacidad de seguir adelante "a pesar de..." y en momentos en que se era más pequeño y vulnerable, por ejemplo.

Con nuestra acción sobre el muñeco modelamos, y el niño/adulto observa y aprende. Incorporamos habilidades de escucha, reconocimiento y aceptación. Y hábitos para atender a su niño interior.

Veamos un fragmento de una intervención con clicks.

—Me gustaría mostrarte algo. —Pongo sobre la mesa las dos figuritas que Gabriela eligió para representarse a sí misma: niña y adulta. Gabriela no quiere hablar, pero acepta que hable yo por sus muñecas:

—Quizá esta muñequita ha dudado siempre de su fuerza, de su capacidad para enfrentar las cosas. Se sintió vulnerable y chiquita. Pero esta otra es ahora mayor, más madura.

Ha sido capaz de seguir hacia delante, con fuerza y determinación... Es una superviviente que ha sacado fuerzas de su interior. Y ahora, viendo a esa muñeca indefensa en su cunita, se queda un momento callada y piensa «Qué pequeña es, qué poco imagina lo dura que será la vida". Pero la sonríe: «Eres pequeña y no sabes andar, ni hablar, ni correr. Pero aprenderás cosas que te parecen imposibles de aprender. Y crecerás: serás más fuerte y capaz de hacer cosas por ti misma... Y me siento orgullosa de ti y de lo que lograrás ser»

Porque esta de aquí (la mayor) es lo que es, gracias a la otra. Y a pesar de todo lo que vivió, se descubrió fuerte y capaz.

Cuando conozcas a Gabriela y su historia, entenderás la fuerza de este fragmento.

6. Intervención con niños

6.1. Primeros pasos. Educación emocional desde el aula

El desarrollo emocional es un proceso psicosocial muy mediatizado por las experiencias del niño dentro y fuera del ámbito escolar. En este sentido, podemos planificar actividades y recursos en el aula para la educación emocional, pero aprovecharemos también la riqueza que nos ofrece el aprendizaje incidental: las situaciones que surgen de manera espontánea en cualquier espacio (pasillos, comedor o patio) como oportunidades naturales y guiadas de aprendizaje, para ayudarle a entender y solucionar los conflictos de cada día.

Hay propuestas muy interesantes para trabajar en clase, con todo el alumnado como grupo. Sin embargo, algunos niños requerirán una ayuda adicional y personalizada, de la mano de un adulto con formación específica (tutor de resiliencia, orientador o similar) que trabaje con él, de modo individual o en pequeño grupo, cuestiones de especial dificultad como la tolerancia a la frustración, las rabietas, el miedo, la tristeza, etc.

Las **propuestas para trabajar desde el ámbito educativo** se han detallado en el libro **"Terapia de juego y vínculo"**. El que ahora tienes en tus manos, **"La tristeza del erizo",** complementa al anterior abordando **técnicas más especializadas** del ámbito de la psicoterapia.

Así que los procedimientos que aquí mostramos son solo una parte de una intervención más amplia y dentro de una perspectiva ecosistémica e interdisciplinar que involucra varios profesionales, contextos e intervenciones complementarias.

Estas son algunas de las herramientas que propuse en **"Terapia de Juego y Vínculo"** (2020) como recursos para el ámbito educativo:

Recursos de aula

1. **Las reglas de juego**: normas y límites de aula y centro.

2. **Algunas estrategias de educación emocional.**
   Sobres de color
   El bote de las tormentas
   El bote del arcoíris
   Emociómetros
   Criaturas silenciosas

3. **Estrategias de regulación y control**
   Ruedas de opciones
   Rincón de calma
   Circuitos de calma
   Espacios de externalización y descarga
   Protocolos y estrategias de Control de Crisis

4. **Recursos de estabilización:**
   Respiración
   Relajación
   Lugar mental de seguridad
   Actos de triunfo
   Procedimientos EMDR
   Píldoras resilientes

5. **Terapia de abrazos: *Mi dulce oso***

6. **Expresión corporal y movimiento**

7. **Juego proyectivo**

8. **Miniaturas y clicks**

9. **Caja de arena**

10. **Interacción con animales**

11. **Arte terapia**

12. **Expresión musical**

13. **Cuentos**
    -La narración oral y escrita
    -Creatividad narrativa
    -El arte de inventar relatos

14. **Dramatización Películas y cortos emocionantes**

De "*Terapia de Juego y Vínculo. Guía práctica para tutores de resiliencia*", 2020

Te ofrecemos ahora propuestas terapéuticas más específicas y enmarcadas en la Terapia Infantil Gestáltica, la Terapia de Juego, la Teoría del Apego (Bowlby,1983; Ainsworth, 1978; Main y Solomon, 1986; Geddes, 1991), el Círculo de Seguridad (Powell y cols., 2019) y las aportaciones de Winnicott (1953) sobre las funciones maternas y las relaciones objetales.

---

1. Construyendo vínculos: Terapia creativa:
  * Clima de *de confianza a partir de actividades lúdicas y creativas:*

        Pintar con plastilina
        Dibujo simbólico/proyectivo:
        Mi refugio interior
        Mi lugar favorito
        Mi árbol secreto
        Corazón, gato negro, avispa y tirita
        Casas y caminos
        Construir con bloques
        Actividad propuesta por el niño

2. Normalización, externalización del síntoma y metáforas

3. Anclas

4. Terapia proyectiva con tarjetas

5. Terapia con peluches

6. Terapia con clicks: escenas, dramatización, caja de arena.

Y, como en el libro anterior, centramos la intervención en tres elementos esenciales que son el armazón sobre el que construimos las interacciones:

vínculo

Terapia de juego   **Lenguaje indirecto
y metáfora**

Como ya comentamos en el trabajo anterior, "Terapia de Juego y vínculo", el arte es un mecanismo indiscutible de expresión y proyección de ideas y emociones que emplea diferentes elementos para conectar con el inconsciente. Usado como medio y recurso terapéutico, facilita un primer acercamiento entre adulto y niño en el que prima la relación distendida, el juego y el disfrute de los sentidos.

Pero, sobre todo, nos permite "hablar sin hablar directamente" de los problemas del niño, como veremos en los ejemplos, evitando que las emociones le sobrepasen y se rompa la magia de la interacción diádica.

La **Arteterapia Gestalt** es un buen referente. Usa procesos y herramientas del arte con el objetivo de la toma de conciencia, la sanación emocional y el desarrollo del potencial humano. Ha dado entidad científica y terapéutica a posibilidades que, en principio, pueden parecernos solo creatividad y divertimento, pero que en realidad despliegan modos de intervención muy interesantes, especialmente con colectivos vulnerables.

La terapia creativa abarca muchas técnicas, entre ellas:

- Expresión corporal y movimiento

- Ritmo y danza

- Dramatización, teatro, marionetas

- Dibujo, pintura, modelado

Aunque ahora solo nos vamos a detener en un ejemplo sencillo: en el uso que le doy a la pintura con plastilina para iniciar la terapia con un niño. Nos ayudará a captar el sentido y finalidad de esta propuesta.

Pintura con plastilina

Sirve como excusa para iniciar la relación, como objeto de atención conjunta y facilitador del contacto inicial. Al centrar la mirada sobre el papel, hay menos contacto visual directo que para algunos niños víctimas de abandono, abuso o maltrato, puede resultar muy difícil o violento al principio.

La experiencia sensorial es rica. El tacto de la plastilina, su temperatura y la facilidad con la que se extiende sobre un dibujo o se retira para rectificar, permiten centrarse tanto en los sentidos, que nos abandonamos a ellos, mientras la voz del terapeuta hila una historia que resuena en la memoria emocional del niño, con personajes que no son él, pero que viven situaciones y emociones similares.

Yo le ofrezco dibujos de erizos y perros, porque continuaré esta actividad con tarjetas y peluches de animales, pero es útil disponer de otros más afines a sus gustos (motos, piratas o dibujos animados). Le invitaremos a elegir la ilustración que quiera (para que "sintonice"y se "identifique" con el dibujo). Veamos un ejemplo:

Carlos, 6 y 1/2 años. El colegio pide ayuda por "Incremento significativo de conductas violentas contra el mobiliario, contra los demás y contra sí mismo". Presenta retraso simple del lenguaje, ha sido derivado a Salud Mental por sospecha de TDAH y necesitaron llamar a emergencias en una ocasión por la intensidad del episodio y del riesgo. Carlos vive en constantes "arrebatos de rabia", como definen los maestros: no acepta normas ni rutinas, no respeta turnos ni reglas de juego; no sabe relacionarse, se enfada y pega. Y sufre porque cree que no tiene amigos. Otro de sus problemas es que rechaza trabajar. Cuando le proponemos algo de cierta dificultad, se pone nervioso, se levanta y abandona el trabajo. Cualquier reto, novedad o cambio le produce un intenso nivel de angustia.

En mi primera visita, estuve en su clase y en el recreo, donde le ayudé a controlar un episodio de autolesión. Ese mismo día le invito a acompañarme a otro aula. Le muestro dibujos y le propongo pintar con plastilina:

—¿Nunca lo has hecho? Ah, pues es chulísimo y **muy fácil**. Verás, se coge la plastilina, se hacen bolitas pequeñas, se aprieta y, **si nos equivocamos, no pasa nada** porque se empuja con la uña o se levanta. ¿Ves? ¿Quieres probar?

* Me interesa marcar el modo de afrontar el reto y el error sin miedo porque puedo corregirlo. Y, al hacerlo con él, aseguro un resultado estupendo y evito que desista de trabajar.

Mientras pintamos con plastilina, le hablo del erizo. De que, cuando se pone nervioso o se enfada, pincha a todo el que se acerca. Porque los erizos tienen púas y las usan para defenderse. Y porque, a veces, se ponen tan, tan nerviosos que no se dan cuenta, empujan y pinchan a sus amigos del bosque: ardillas, conejos... Hacen daño "sin querer". Y los amigos ¿qué hacen? Se apartan, porque tienen miedo.

Carlos se pone nervioso y quiere irse, parece que intuye que vamos a hablar de las cosas por las que todos los días le riñen. Me dice que quiere ir a clase, a hablar con la profe, que quiere coger pinturas, que dónde está su abrigo... Todas son conductas de escape/evitación. Pero lo tranquilizo:

—Carlos, **no pasa nada**. Estás nervioso, pero **no pasa nada**. Vamos a estar un ratito trabajando y después subes a clase.

—¿Cuánto rato? —pregunta.

Me quito el reloj y le señalo lo poquito que queda. Y dejo el reloj sobre la mesa, como apoyo visual.

Finalmente, me pide ir al lavabo y le dejo a condición de que regrese. Mientras se aleja, le digo riendo:

—No se te olvide lavarte las manos, que manchamos la plastilina.

Y él se ríe. Le he permitido una vía de escape cortita (necesitaba salir de la situación).

A su regreso, hablo de lo bien que está quedando, que puede llevarlo a casa. Que me lo he pasado genial y que volveré otro día, si quiere. Que me encanta el dibujo, y se lo guardo con mucho mimo dentro de una funda de plástico para que lo enseñe orgulloso a sus padres.

Mientras hablamos, resaltamos determinadas palabras, con el tono de voz, con un pequeño silencio después, a modo de sugestión ericksoniana (Paul-Cavallier, 2013; Rosen, 2017). Ello facilita la huella que queremos dejar: "**No pasa nada**", "**Es fácil**", "**Tú puedes**", etc.

Hemos dejado un ancla, un símbolo: el próximo día podremos hablar del **erizo** y de esas conductas, de cómo se siente cuando sus amigos se alejan. Y lo haremos con cierta calma, porque Carlos ha experimentado que podemos hablar de "eso" que les pasa a otros, sin sentir que le reprendemos o castigamos.

Aunque aún nos queda mucho trabajo por delante.

Pero veamos otro ejemplo:

Nico, 6 años. El colegio refiere "Inquietud, actividad motriz excesiva y atención escasa. No permanece sentado, hace lo que quiere en clase y no sigue rutinas ni acepta normas. Cuando se enfada lanza cosas y pega a los demás, incluso a profesores. No está al nivel de su curso ni sigue el ritmo de la clase."

Nico vive con sus padres en casa de la abuela paterna. Hay tensión constante entre madre y suegra, y la mamá de Nico se ha ido alejando de las actividades familiares y se encierra en su habitación la mayor parte del tiempo. Ni siquiera come con ellos. Padre y abuela se ocupan prioritariamente del niño, pero se contradicen en las normas y no hay horarios ni hábitos adecuados de alimentación o sueño. El niño no se relaciona con otros niños aparte del cole: no lo llevan al parque, porque terminan discutiendo con otros padres por las conductas de Nico. A sí que pasa horas viendo la TV o con la Tablet.

Mientras trabajamos con la plastilina, hablo de perros. De que, cuando son pequeños, son muy nerviosos y ¡no pueden estar quietos! Pasan todo el día corriendo, de un lado para otro. Saltan, se sientan y se levantan otra vez.

—¡Como yo! —dice Nico.

—No saben hacer las cosas y juegan "a lo bruto": corren, se empujan, muerden y hacen daño "sin querer". A veces, los perros adultos se enfadan con ellos.

Le digo que tengo una perrita, Lana. Que era muy pequeña cuando la adopté:

—Me pregunto si echará en falta a su mamá. Porque no la ve y seguro se acuerda de ella —comento, para sondear cómo vive el problema familiar.

Pero al decir "mamá", Nico se levanta como un resorte, mira por la ventana, toca la manilla para abrirla, baja y sube la persiana, se va hacia la estantería y deambula un rato cambiando de tema, nervioso y sin querer trabajar. Le pido que se siente, pero me ignora. Así que, con voz calmada, retomo el tema del perrito que corre y juega, sin mencionar nada sobre la familia (lo pospongo para otra ocasión, cuando confíe y me lo permita).

—Cuando puedas, necesito ayuda —le digo—. Esto me queda un poco mal. ¿Qué color pongo?

Se sienta sobre una pierna, intenta seguir con la actividad, pero ya está muy alterado. En ese momento digo:

—Ya lo entiendo... Creo que voy a dibujar una cosa, a ver qué te parece.

*Inicio la explicación sobre "**Garabato**" (procedimiento que veremos más adelante, y de manera más extendida, con Oscar). Es una metáfora que ayuda a entender que nos cuesta concentrarnos cuando tenemos muchas preocupaciones.

Después le invito a terminar el dibujo de plastilina:

—Hasta donde podamos, cunado avisen del recreo. **No importa** si no terminamos. Porque, a veces, no da tiempo a terminar las cosas. Pero **podemos** hacerlo otro día.

Ya solo disfrutamos de la actividad y no vuelvo a tocar el tema de los perros que hacen daño ni de la familia, porque está demasiado activado y porque la sesión ha de terminar en positivo. Le muestro una foto de mi perrita Lana, y él me habla de su perro. Nos reímos de algunas anécdotas. Y se relaja.

La metáfora de **Garabato©** es una invención mía, que está dando muy buen resultado. Te muestro el procedimiento general, que ha de adaptarse al lenguaje y nivel de cada niño y a la que, por supuesto, podrás dar tu matiz personal. Tiene una variante en papel (lo dibujo mientras hablo, y después recurrimos a una pequeña tarjetita ilustrada de Garabato) y el peluche: una bola de lana de colores con ojos de plástico:

Tarjeta Garabato ©

Peluche Garabato ©

Pero empecemos por el principio:

—**Oscar**, voy a hacerte un dibujo, a ver si sabes qué es... Esto de aquí es nuestro cerebro. Es una de las partes más importantes de nuestro cuerpo. Lo que vemos, oímos y aprendemos va al cerebro. Con el cerebro pensamos, resolvemos acertijos, recordamos canciones.

A veces, escuchamos cosas que nos ponen nerviosos o tristes: "Eres tonto", "No quiero jugar contigo", "Tú lo haces mal", "Eres mentiroso". ¿Qué cosas nos dicen los demás que no nos gustan?

—"Vete de aquí", "Te la vas a cargar" —responde el niño.

Así introduzco la actividad. Puedo usarla a continuación de la anterior (pintura con plastilina) o después de las tarjetas que veremos más tarde. En ocasiones, decido interrumpir lo que estemos haciendo (como en el ejemplo de Nico) porque ha surgido la ocasión ideal para explicarle por qué se está angustiando con una tarea, una lectura o cualquier cosa que, a priori, debería abordar sin dificultad.

El modo de introducir este procedimiento es flexible, a condición de que se entienda para qué sirve y que se haga antes de motivar e involucrar al niño para ayudarle a regular sus emociones y conducta, y no después, porque no tendría sentido.

Con lápices de colores, voy escribiendo y garabateando sobre el dibujo del cerebro.

—Pues estas cosas feas que oímos o pensamos, van llenando el cerebro de garabatos y manchurrones. ¿Ves? Lo llenan tanto, tanto, que no puede pensar. A veces, también yo pienso cosas feas de mí: "No sabes hacer nada", "Voy a suspender", "Se van a enfadar conmigo". Y cargo el cerebro con más palabras feas y tachones. ¿Te pasa eso a ti?

Oscar asiente.

—Mira cómo ha quedado el cerebro. Es un lío. Ya no se entiende nada —le digo.

Señalo las palabras que han quedado escondidas entre los trazos: torpe, tonto, bruto.

—Pues mira: cuando el cerebro está tan cargado, no puede pensar, no puede leer ni estudiar, no se concentra. **Es normal** que no podamos estudiar bien cuando tenemos el cerebro tan lleno de cosas feas. **Es normal, a todos nos pasa.**

Remarcamos "**es normal**", porque queremos que el niño sepa que nos pasa a todos. Que no somos tontos, ni malos por ello. Es normal sentirse así cuando tenemos el cerebro tan lleno de preocupaciones. Normalizamos y desculpabilizamos al niño.

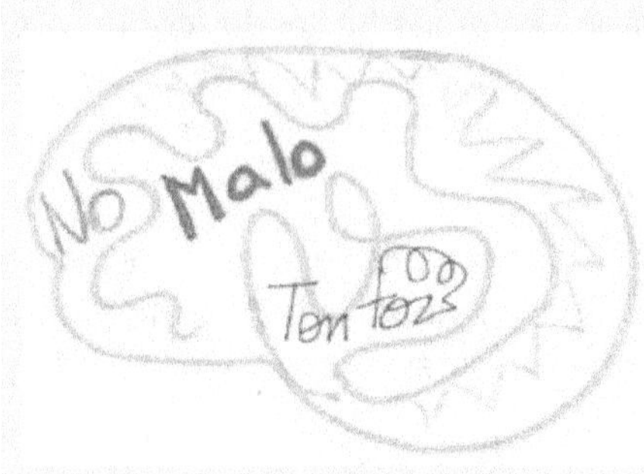

—Y pasa que, cuando está tan cargado, el cerebro se siente mal. Pero no sabe decirnos que está mal, así que manda señales a otras partes del cuerpo. Hace que nos duela la cabeza o el estómago. Manda señales a las piernas y no podemos parar de movernos. O a los puños, y los sentimos apretados y con ganas de dar golpes... Y claro: empezamos a movernos mucho en la silla, necesitamos levantarnos, coger cosas, tirar algo de la mesa: **El cerebro está cargado**.

Cuando el cerebro está cargado, yo lo llamo **Garabato**.

Garabato es nuestro cerebro cuando está hecho un lío de tantas cosas feas que tiene en la cabeza. Cuando se pone así, nos sentimos nerviosos, tristes, enfadados.

No sé...

Un lío de sentimientos desagradables.

¿No te parece?

Acabamos de dejar un **ancla**: **Garabato**.

Es una metáfora que el niño retiene en su memoria, junto a todo eso que le hemos explicado. Más adelante, cuando le veamos nervioso o enfadado, podremos decir: —"Creo que Garabato está creciendo, se está llenando de rayones". Y el niño entenderá que algo le pasa, que se está alterando y que puede detenerlo, porque le habremos enseñado recursos para ello.

Pero, por el momento, hemos dejado una metáfora en forma de imagen, que le permite visualizar y entender lo que le ocurre sin sentirse por ello un "niño malo" y sin posibilidad de cambio.

Hemos normalizado y validado sus emociones: **es normal** ponerse nervioso, estar inquieto, enfadarse; **es normal** no poder concentrase, agobiarse con las tareas. Y hemos dibujado una imagen poderosa que lo representa.

Ahora buscaremos otra imagen que simbolice el modo en que expresa esas emociones desagradables: la conducta que provoca tantos quebraderos de cabeza y que no logra contener:

—Garabato a veces crece y crece. Y cuando lo hace, me siento tan mal que me pongo rabiosa, con ganas de romper cosas o morder a alguien. O necesito salir corriendo... No sé si te pasa eso a ti.

—Sí. A veces —dice Oscar.

—Pues no sé cómo lo haces, pero a mí me cuesta pararlo. Parece que me sale algo así como un bicho rabioso, de color rojo... Como un **demonio** malo que me dice: "Enfádate, insulta, pega a alguien"

Voy dibujando el bicho y Oscar se ríe.

—Sí, parece gracioso —respondo—, pero lo paso mal porque, cuando sale, ese bicho hace daño a alguien. Ya sabes, cuando insulto o pego un puñetazo... Y eso no puede ser. Pero el demonio me sale... Uf, y me cuesta mucho pararlo.

—Ya. —Se ríe otra vez.

—Bueno, otras veces me sale un **dragón** que también está rabioso. Echa fuego y destroza todo lo que toca... El otro día, un niño me dijo que a él le pasaba lo mismo, pero que le salía un **perro rabioso**, de esos con espuma en la boca que muerden. ¡Qué miedo!

—Otro niño me dijo que a él le salía **Hulk**, ese hombre verde, que se rompe la ropa y crece. ¡Y que no lo podía controlar! ¿Qué bicho te sale a ti cuando te enfadas?

—No sé. Una mancha. O una sombra... —El niño piensa, buscando su bicho—. No: **un monstruo de tres cabezas** —responde, al fin, convencido.

—Ya, tres cabezas con dientes dan mucho miedo, ¿eh?

—Sí.

Dibujo el monstruo y el niño me va corrigiendo detalles: el tamaño, los ojos... mientras sigo hablando:

—Y parece que sale cuando quiere, que no lo puedes controlar, que te pone nervioso y gritas... Y luego te la cargas, porque te castigan.

—Sí —dice el niño.

—Pero, mira qué estoy pensando: que el monstruo de tres cabezas sale de ti, pero no es tan listo como tú.

—No.

—Y podemos "domesticar" a ese monstruo, para que no dé problemas. Y así lo hacemos pequeño, muy pequeño, hasta guardarlo en el bolsillo, escondido y tranquilo.

Dibujamos juntos el monstruo. Lo pintamos y lo recortamos.

Probamos a ponerlo sobre el hombro, para ver cómo nos enfadamos y las cosas que decimos a los demás cuando crece. Y nos reímos un poco.

Dejo después el dibujo sobre la mesa:

—Estoy muy contenta, porque hemos encontrado tu bicho. Y vamos a ser capaces de controlarlo ¿qué te parece? Y veo que eres un chico muy valiente. Con ganas de hacer amigos y caerles muy bien a todos.

Oscar: yo voy a ayudarte. ¿Cómo lo ves? ¿Seremos más listos que el monstruo?

Juntos hemos hallado una representación de "eso que le pasa", para darlo una forma simbólica y externalizada, que se diferencie del niño en su globalidad, de su autoconcepto. Y al sacarlo, ponerlo nombre y dibujarlo, parece más manejable. El niño no se siente juzgado.

Es algo que podemos mirar juntos, sin sentirnos "malos". Ambos sabemos qué simboliza. Ya tenemos un nuevo ancla: "Mi monstruo de tres cabezas".

Podemos dar señales al niño, cuando veamos que empieza a enfadarse: «Está saliendo "Tres Cabezas", quizá necesites...»

Ya veremos, más adelante, qué opciones tiene para controlarlo. Porque habremos trabajado sobte las situaciones que lo provocan y ensayado modos de reducir el enfado, con algún apoyo visual para hablar de su intensidad, como el emociómetro.

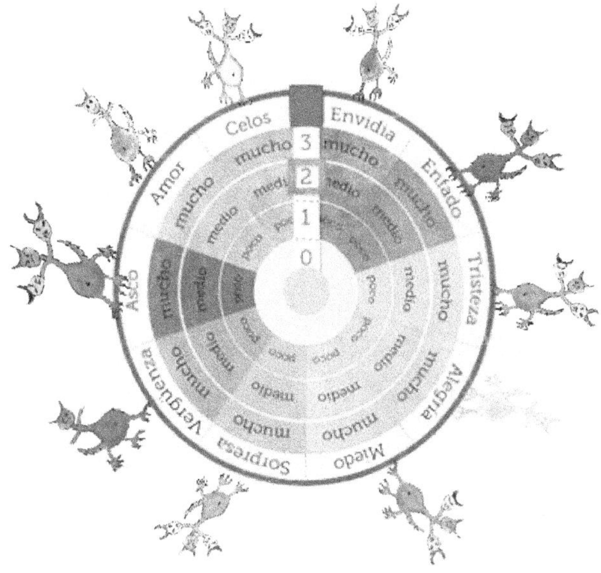

Fig. Emociómetro

Mediante **técnicas de normalización, externalización del síntoma y metáforas** lograremos:

- Escuchar al niño y validar sus emociones negativas

- Que comprenda los motivos y vea posibilidades de mejora

- Motivar y comprometerlo al cambio.

Las que te hemos mostrado, son algunas técnicas para que entienda lo que le ocurre, sin culpabilizarse. Pero no es suficiente.

Necesitaremos trabajar sobre las emociones en el contexto de aula y para toda la clase. Porque, para gestionar adecuadamente las emociones, tendremos que notarlas y "darnos cuenta", ponerlas nombre, asociarlas a situaciones habituales, relacionarlas con las conductas que provocan y sus consecuencias. Este proceso educativo y el desarrollo emocional que promueve en el niño requerirá un tiempo. No es algo inmediato.

Así que, mientras madura emocionalmente, necesitará "**Chimeneas**": pequeñas válvulas de escape que eviten "explosiones" descontroladas y sus consecuencias. Para canalizar y reducir esas emociones desagradables que les "sobrepasan" y las conductas en que derivan, necesitaremos darle alternativas del tipo:

- Contar hasta diez, hasta veinte (hacia delante, hacia atrás, de dos en dos, etc.)

- Caminar para calmarme (en el patio, hacia el servicio, etc.)

- Circuito de calma (con instrucciones concretas sobre cada paso)

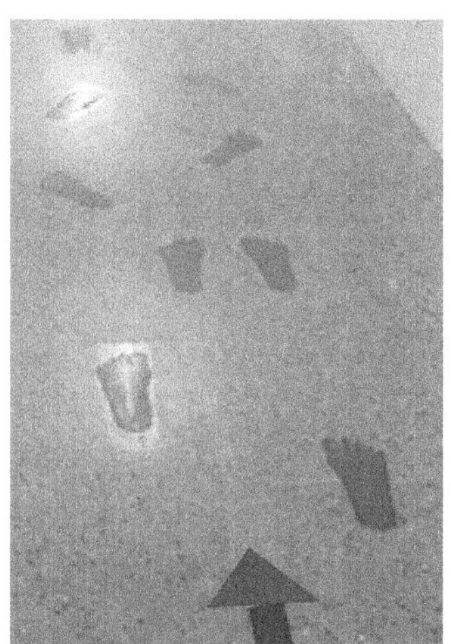

Circuito de calma

- Dibujar mi enfado y meterlo en un bote (el "Bote de las tormentas" que se trabaja una vez a la semana, durante tutorías, etc.)

Bote de las tormentas

Y disponer de ruedas de opciones u otro tipo de guías y apoyos visuales que le recuerden qué puede hacer cuando su volcán interior está al límite y no hay tiempo para pensar.

En el libro "**Terapia de juego y vínculo**" vimos algunas ideas:

- Estrategias de apoyo a la **educación emocional**, como "Sobres de color", "El bote de las tormentas", "El bote del arcoíris", "Emociómetros", "Criaturas silenciosas"
- **Estrategias de regulación y control** como "Ruedas de opciones", "Rincón de calma", "Circuitos de calma", "Espacios de externalización y descarga", "Protocolos y estrategias de Control de Crisis"
- Algunos **recursos de estabilización** como técnicas de respiración, relajación, "Lugar mental de seguridad", "Actos de triunfo", "Procedimientos EMDR", "Píldoras resilientes"

Veamos otro ejemplo de "externalización del síntoma":

Mario, de 9 años, captó rápidamente la posibilidad de transformación de su ira.

Yo dibujaba una cabeza con un cerebro emborronado por todas las cosas que le angustiaban: castigos, amigos que se enfadan, no terminar las tareas.

—A veces, tengo el cerebro tan cargado que me sale humo —le dije—. No puedo concentrarme, ni parar quieta. Se me hace un nudo aquí (señalo mi estómago). El cerebro no habla, no puede decirme que está mal. Así que manda señales a mi cuerpo: me duele la barriga, la cabeza, se me dispara la mano y pego al de al lado...— Yo hablaba y dibujaba a la vez.

—¿A ti te pasa eso? —me preguntó.

—Sí, bueno, y tengo que esforzarme mucho para no pegar a alguien o dar una patada... Porque sé que no está bien... Pero se me pone aquí un nudo, o me sale de la cabeza un dragón rabioso que echa humo y fuego...

Empiezo a dibujar un dragón mientras le cuento:

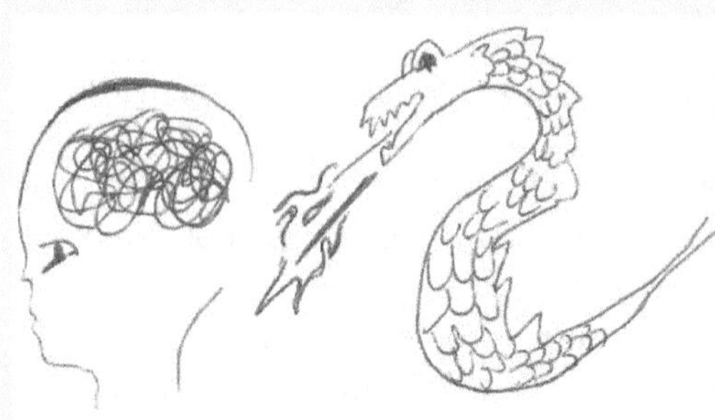

—A veces estoy tan enfadada que me sale un dragón rabioso que quiere hacer daño y no sé parar... A ti ¿te ocurre?

—Sí. A veces —responde inseguro.

—Hay niños que sienten una mancha que crece y crece. A otros, les sale un perro enorme con espuma en la boca.

Seguro que cuando te enfadas, te sale un bicho feo... Veamos qué puede ser... Quizás una serpiente o un demonio... —Sigo dibujando y sonrío. Le miro de forma intermitente, no quiero que una mirada directa lo intimide y rompa la conexión. Él mira los dibujos mientras hago rayones con el boli expresando mi rabia.

—Un perro, sí... No, mejor: Hulk. Me gusta Hulk —dice al fin.

—Ah, ya sé: ese tío verde que rompe la ropa cuando se enfada.

—Sí, ese. El mío es Hulk. Porque es malo y hace daño cuando se enfada. Pero luego, aprende a controlar su fuerza y ayuda a los demás.

—Qué buena idea. Me gusta. Porque podemos ayudar a Hulk a controlar su enfado —respondí.

—Sí, para que no destroce todo y ayude —añade Mario.

—Mira qué cosa tan chula me estás diciendo. ¿Y sabes qué?

—¿Qué?

—Que creo que toda tu rabia, los enfados y patadas y esas cosas que haces cuando se despierta Hulk, son en realidad una fuerza oculta que tienes. Una capacidad de ayudar si aprendemos a controlarla.

—Sí...

—Y me encanta, eres un niño valiente, lo sé. Y lleno de fuerza, aunque a veces, Hulk no sabe usar esa fuerza, ¿no te parece?

—Ya te digo —ríe.

Hemos hecho de Hulk un ancla poderosa. Porque Hulk representa la rabia incontrolada, pero también la posibilidad de cambio, hasta el punto de convertirse en fuerza y ayuda a los demás.

Más tarde al decir "Empiezo a ver a Hulk", damos señales al niño para que perciba cómo se siente, y ponga en marcha estrategias de calma que hemos entrenado juntos.

Da igual el elemento elegido, si lo ha encontrado él. Es un símbolo que entiende, con el que se identifica y que lo alivia, porque permite ver la luz al fondo del túnel. Lo mismo da si ha elegido un dragón, una mancha, una tormenta o el fuego. Le permite hablar de la ira sin sentirse mal por ello. Podemos darle una señal para que se detenga al inicio de un episodio agresivo, por ejemplo, sin que se sienta acusado ni reprendido, que sería resorte suficiente para que se enfade más aún.

Recordemos que un niño dañado puede ser más sensible, más a la defensiva y más reactivo. Cualquier gesto (tono voz, señalarle con el dedo) puede traer recuerdos dolorosos y miedos, emociones angustiosas que no sabe gestionar y que "disparan" todo su arsenal defensivo. Porque se siente "malo" y no querido. Se sabe culpable del malestar que provoca en los otros y espera, en todo momento, lo peor.

Así que hemos separado al niño de esa parte de sí mismo que molesta y provoca rechazo. Hemos **externalizado el síntoma** para poder abordarlo sin herirle. Y le damos la calma y confianza necesarias para saberse acompañado por un adulto que le acepta y valora. Ello no significa que lo justifiquemos y quitemos toda responsabilidad, ni que pueda utilizar la excusa "Es que me sale Hulk" para hacer cuanto quiera. Porque, ya hemos dicho, complementaremos esta actuación con otras esenciales, como poner normas, límites y consecuencias apropiadas.

—Creo que **Garabato** está apareciendo.

Será una señal estupenda cuando veamos que el niño se agobia.

—**El dragón** asoma por la cueva. Tenemos que calmarlo.

Bastará como señal para que un niño detecte el inicio de su enfado, si eligió un dragón para representar y entender su ira.

—**La tortuga** se siente fuerte en su coraza.

Será un ancla tras una relajación con la estrategia de visualizar la coraza para sentirnos protegidos y en calma.

Si hemos representado escenas con muñecos o clicks, como veremos más adelante, podemos recordarle:

—No dejes a "Inferno" que se caliente.

"Inferno" es el nombre que Roberto puso a su ira, y este es el muñeco que eligió.

Hulk, de Mario

Dragón, de Carlos

Gorila "cabreado", de Nico

Un ancla es una imagen poderosa que hemos creado para ayudar al niño. Recoge y simboliza todo lo trabajado con él. Cuando la necesitemos, solo tenemos que sugerir su nombre y "tirar" de ella, para traer al presente todo lo que vimos y quedó fijado como recurso.

Podemos "anclar" imágenes como **Garabato**, para entender el malestar que sentimos cuando creemos que somos malos, que no sabemos hacer las cosas; cuando nos preocupa la enfermedad del abuelo, que está en el hospital y nadie nos dice qué ocurre. Cuando todo alrededor son enfados o castigos y pensamos que nadie nos quiere...

Podemos buscar "anclas" que simbolicen la frustración y la rabia: **Un dragón**, **un perro rabioso**, **una mancha**, **una sombra**.

Para el niño, un monstruo:

-Corre, pisa, arrasa

-Muerde, arranca, golpea

-Expele fuego, espuma por la boca o veneno

Tiene cierto paralelismo con lo que pasa cuando el niño se enfada ¿no? Pero le mostraremos cómo transformarlo en una fuerza a su favor.

Así que ese "ancla" contiene mucha información en positivo: aprenderemos a domesticar al monstruo o, mejor, a usarlo para algo bueno, como descubrió Mario a Hulk, que puede ser villano o héroe.

Y hablando de héroes...

Es útil anclar y disponer de **elementos protectores** a los que recurrir cuando el niño se sienta angustiado, vulnerable o solo: **superhéroes**, policías, bomberos, un árbol, un perro guardián, etc. O pedirle que imagine y/o dibuje (depende de la edad) un día en que fue muy feliz, un lugar en que se sienta seguro, las personas que le quieren ("Mi refugio interior", "Mi lugar favorito", etc.).

Hablaremos de cómo se siente en esa situación, de sus cualidades y **fortalezas** para enfrentar contratiempos, para que las sienta con nitidez asociadas a esa imagen. Y dispondremos después ese poderoso recuerdo para recurrir a él cuando necesitemos tranquilizarnos.

Podemos dotar de propiedades similares a otros recursos como palabras y **frases resilientes**, que dejaremos en su mente como ancla: «Yo puedo, si lo intento. Lo hago despacio y puedo». Las decimos con un resalte diferente: cambiando el tono de voz, hablando más despacio y marcando la pronunciación.

Ya ves que seguimos jugando, como siempre, con **metáforas**.

Metáforas de nuestra confusión, de nuestro malestar, de nuestras emociones incomprensibles hasta ese momento, como Garabato. Metáforas de nuestro comportamiento descontrolado: dragones, manchas o perros rabiosos.

Metáforas también de nuestra posibilidad de cambio ("domesticar" para hacer pequeño y guardar en un bolsillo al dragón). Metáforas de fuerza interior y de frases de aliento ("El dragón puede dominar su fuego").

Metáforas que tienen el poder de llegar a la parte más profunda de nosotros mismos, porque las aceptamos con una certeza incuestionable. Y ahí reside su valor.

¿Dudamos acaso de la fuerza de los dragones?

¿Acaso no pueden controlar su fuego?

Claro que pueden.

Hemos visto películas de dragones poderosos y temibles, capaces de modular su llamarada, de apuntar sobre un objetivo y acertar en pleno vuelo. Pueden dejar de lanzar llamas si están descansando o contentos... Y todo eso no necesitamos explicarlo. Lo han dejado en nuestra mente las películas y los cuentos.

Solo hace falta ayudar al niño a encontrar su símbolo, porque significa que conoce muy bien a ese bicho, que lo ha visto en algún sitio y lo elige como ejemplo. Y al elegirlo, demuestra que comprende lo que decimos y ha encontrado algo que lo representa.

En fin, metáforas que en nuestras manos son escudos protectores y resilientes, construidos para que el niño pueda sentirse capaz de enfrentarse al mundo de un modo nuevo y saludable.

Ángel es un niño de 6 años, con una historia familiar complicada. Se muestra muy impulsivo e inquieto. Y tiene especiales problemas con la lectoescritura: **confunde las letras y le cuesta mucho trazarlas**. Apenas trabaja en la mesa unos minutos y rechaza cualquier actividad relacionada con la lectoescritura: se activa, se enfada sin remedio y eso puede acabar en una rabieta incontrolada.

Yo dibujo un árbol pequeño y delgado sobre un folio de color. Y le cuento una historia sobre un árbol que se creía **incapaz de "dar hojas"**. Remarco las palabras que quiero dejar como ancla:

... El árbol pensaba que era pequeño y débil, tan flaquito y sin hojas.

*Pero con el tiempo, empezó a crecer. Y estiraba sus ramas hacia el sol. **Sabía** que de ellas crecerían hojas. Hojas verdes y maravillosas.*

*El árbol **lo sabe**. Solo tiene que confiar.*

Este árbol es fuerte.

***Sabe** que **puede hacerlo**. **Sabe que puede** hacer crecer sus hojas. Que **puede** hacerlas redonditas o delgadas. Pequeñas o largas. **Sabe que puede** dibujar sus hojas, despacito, con paciencia.*

Todavía, a veces, se pone nervioso. Pero se para y dice:
Yo puedo, si lo intento.
Lo hago despacio y puedo.

Y entonces, ¡Plaf!: le sale una hoja perfecta.

*Ese árbol es ahora uno de los más bonitos del parque. Muchos niños juegan a su lado. Algunos lo abrazan. Otros, lo riegan con agua de la fuente. Los abuelos se sientan en un banco bajo su sombra y le cuentan historias. **Nunca está solo**. Es el árbol **más querido** del parque...*

El árbol y las frases son anclas

—Yo puedo, si lo intento.   Lo hago despacio y puedo.

Cuando el niño se enfrente a la tarea, traeremos al presente la fuerza y convicción que sintió cuando se metió en la "corteza" del árbol. Y recordará con seguridad, sin ser consciente de ello, que el árbol logró hacer crecer su hojas.

"**El más querido**", lo usaremos también en algún momento. Y arrastrará consigo la memoria emocional y la imagen de los niños jugando abrazados al árbol que "**nunca está solo**".

Y, en definitiva, "árbol" será un ancla poderosa, asociado a un montón de cualidades que hemos dejado como semillas invisibles en su inconsciente. Y, cuando le veamos dudar de sus posibilidades al enfrentarse a la escritura, con el lápiz clavado en el contorno de una letra que se le resiste... Quizá nos acerquemos a él, para recordarle que "**El árbol puede hacerlo**", que empezó por hojitas pequeñas de bordes inseguros, pero después brotaron más hojas, muchas más, pequeñitas y perfectas.

Pero fíjate que, al principio, hemos jugado con plastilina, iniciando relatos sobre animales que tienen dificultades para relacionarse, o que están lejos de su mamá o de su papá, o que se sienten solos.

Cualquiera de las historias que inicié al trabajar con plastilina han de ser acordes a la problemática que tiene de fondo el niño, y nos servirán de anclaje para continuarla con otras actividades y herramientas.

Y sí.

Lo has acertado.

Utilicé dos anclas diferentes con dos niños: un perro y un erizo.

Y a estos símbolos les daré continuidad ahora con tarjetas y peluches. Y espero que, como me ha ocurrido a mí, te sorprendas y maravilles con el abanico de posibilidades que nos ofrecen.

Volvamos al caso de **Nico, 6 años**. Ya tiene adaptaciones curriculares y apoyo en aula para ayudarlo a seguir las clases. Se está trabajando para que afronte las actividades con optimismo y no se angustie ante la dificultad.

Cuando empieza a inquietarse, la maestra le dice en voz baja «Tranquilo, es el gorila que asoma enfadado, pero no le vamos a dejar. ¿Necesitas un descanso?»

El "Gorila cabreado" es el animal que nos dijo le salía cuando se enfadaba (ya hemos trabajado sobre Garabato, y averiguado con qué monstruito identificaba su problema). Nico sabe que le ayudaremos, cuando él no se percate de que surge el gorila. Y le ofrecemos algunas de las opciones que hemos puesto a su disposición:

-Rincón de calma

-Circuito de calma

-Salir al lavabo

-Descanso de 5 minutos o cambio de actividad (para regresar después a terminar la que tenía entre manos), etc.

Ha mejorado su actitud en clase, aunque no logra trabajar solo más de cinco minutos sin que aflore alguna conducta disruptiva. Ha tenido un episodio en el patio en que empujó a un compañero para apartarlo del columpio y el compañero le respondió con un bofetón. Nico se quedó bloqueado en un primer momento, pero después comenzó a gritar, a insultar con palabrotas y juramentos que no parecían salir de un niño. Lloraba, volvía a insultar, y no había modo de calmarlo. Su profesor le indicó que se sentara en un banco para dejar a su gorila calmarse, y lo hizo. El profesor permaneció a su lado, en silencio, acompañando. Nico no lo vivió como castigo, ni salió corriendo como en ocasiones anteriores.

Quiero abordar el tema de su mamá porque puede estar viviendo el distanciamiento de la madre como culpa o abandono. Apenas se relaciona con ella y con el resto de los adultos la situación no es mejor. No sabemos si hoy estará preparado para hablar, o nos tocará dar un rodeo y cambiar a otro problema menos angustiante.

Trabajar con estas cartas me permite adaptar la historia a las señales que me va dando el niño sobre su estado emocional.

Este es el orden en que las fui mostrando (de izda. a dcha):

—Esta es mi perrita Lana. Tiene 7 años. Le encanta correr, jugar y bañarse en la playa. ¡Y se sacude mojando a todos! ¿ves? A los perretes les encanta estar con las personas. Y las personas los cuidamos, les damos de comer y les enseñamos cosas. Hay perros que montan en monopatín, ¿lo sabías?

—No — Nico se ríe.

—Bueno, es que los perros son geniales: a veces ayudan a rescatar personas, a detectar bombas, acompañan a ciegos...

—Sí, una vez vi un ciego con un perro muy grande que cruzaba...

*Me cuenta varias cosas sobre perros y vecinos. Se dispersa con facilidad y quiere contar muchas cosas. Aquí he omitido parte de su discurso, que alargaría lo que quiero mostrar.

—A veces, los perros se asustan y se esconden, como este (muestro la tarjeta nº 5). Porque los mayores ladran fuerte. Los mayores se enfadan y ladran, y asustan a los más pequeños.

—Sí —responde, sin dejar de mirar la imagen.

—A veces, están tristes (la nº 6). Un perro pequeño no entiende a los mayores. Se pone triste si discuten. Se pone triste si no quieren estar con él o si le castigan. ¿Por qué más cosas se ponen tristes?

—Porque no juegan con él —dice.

A veces, la mamá de los perritos, no puede jugar con ellos. A veces, los perros mayores están tristes o enfermos, y se van a su caseta. Y el perro pequeño piensa que no quieren jugar con él, que no le quieren... Pero no es cierto. Cuando los mayores están enfermos a veces no tienen fuerzas para cuidar de los perritos, no les dan de comer ni están con ellos. Se quedan en su caseta, escondidos (recordemos que la mamá de Nico se encierra en su habitación durante horas).

Y, a veces, cuando salen de la caseta, parecen enfadados porque ladran al pobre perrito cuando se acerca a su mamá.

—Mi madre no me quiere —salta Nico. —Y se pone muy nervioso. Le miro un ratito, sonriendo, espero por ver si quiere contar algo más. Pero ya no habla.

—¿Te ha pasado alguna vez que te enfadas mucho con alguien a quien quieres? —le pregunto a Nico mirando a sus ojos—. ¿Te ha pasado que gritas a papá, o que le dices algo que no es verdad, por ejemplo: "Vete de aquí, ya no te quiero". ¿Alguna vez le has dicho que ya no le querías? O le has pegado una patada, no sé... Pero era tu "gorila cabreado", porque a papá le quieres muchísimo.

—Sí.

—Pues los papás también tienen sus "gorilas cabreados", que no pueden controlar, y dicen cosas que no sienten. Porque la verdad es que, para los papás y mamás, **sus hijitos son lo más importante**.

Nico escucha muy callado e insisto con la metáfora de los perros:

—A veces los perrines piensan que la mamá no los quiere. Pero ¡cómo va a ser eso! **Para las mamás, sus hijitos son lo más importante. Los quieren muchísimo.**

Pero si las mamás están tristes o les duele la cabeza, parecen enfadadas y dicen cosas que duelen. Son sus "gorilas cabreados", no lo sienten de verdad.

—¿Dónde está Rufo? —Me pregunta.

Rufo es una marioneta que llevé a la clase el primer día. Parece que Nico ha tenido ya suficiente y necesita cambiar de tema.

—Rufo está descansando en casa, pero puedo traerlo el próximo día. Me ha preguntado por ti, le gustaste mucho.

—Sí. Y dile lo que hicimos con plastilina, y que jugué un partido, y que...

—Vale. Ahora yo quiero decirte que estoy muy contenta (me sitúo frente a él y busco su mirada). Que eres un niño muy valiente, con ganas de aprender. Que en clase estás trabajando mejor, me lo han dicho tus profesores. Y te estás haciendo mayor, un niño mayor.

—Sí, mira cuánto mido. —Se pone de puntillas, yo a su lado, y celebramos que ya llega casi, casi, hasta el techo.

Se marcha a clase contento. Se siente mayor. Lleva consigo el recuerdo de sus avances y, revoloteando en su inconsciente, historias de perros y mamás a las que hemos dado un nuevo significado: No es que la mamá no quiera a su hijo, es que está enferma o triste. Y las cosas que dice (y que hacen daño a Nico), no son de verdad, son porque sale su "gorila cabreado". La mamá no tiene motivos para estar enfadada con su hijo, le quiere, es lo más importante para ella.

Insistiremos en esta narrativa más veces, para que Nico pueda dar un significado nuevo al comportamiento de su madre. Un significado que no le duela. Y trabajaremos con sus papás para que entiendan el malestar de Nico y restituyan las relaciones con él -Lo veremos al hablar de parentalización familiar.

Lo esencial de contar historias con cartas es tener claro tres cosas:

-**El tema** que quiero abordar

Por ejem.: miedos, celos, separación de los padres, pérdidas, baja autoestima; conductas disruptivas, autolesivas y/o agresivas, etc.

-**Los elementos que quiero introducir** para **empoderar al niño** y **reformular** la interpretación de lo que ocurre en su entorno.

Por ejem.: cualidades/fortalezas (eres valiente, mayor, tú puedes), reinterpretaciones (Mamá te quiere, pero está enferma; No se aísla en la habitación por tu culpa; No está triste ni enferma por ti; No eres culpable de las discusiones de los mayores, etc.)

-**Las imágenes** y **metáforas** que usaré para articular todo esto.

Quiero detenerme en este último punto. Porque muchas veces buscamos cuentos a medida para el problema a trabajar, pero no encontramos el cuento ideal porque no me gustan las ilustraciones o el lenguaje no es para su edad. Y nos desesperamos por tener que adaptarlo. Y es que no siempre encontramos el cuento "a medida", además del dineral que supondría disponer de un cuento para cada cosa.

Yo tengo varios juegos de cartas con imágenes de animales: algunas ilustradas por mí, como las de los perros; y otras, bajadas de internet. Cada ilustración permite adaptarla a diferentes contenidos y así, la historia que relato será diferente y acorde a lo que necesita el niño.

Veamos ejemplos de interpretaciones que le doy a una misma imagen para crear diferentes narrativas:

Esta es mi perrita Lana
Este perrito lo destroza todo
Fueron a buscar un perrito (adopción)
El perrito necesita esconderse
El perrito no entiende qué ocurre

La mamá cuida de los perritos sola (no está papá). El papá cuida de los perritos solo.
La mamá/papá consuela al perrito (primer día de cole, un amigo le ha pegado, etc.)
La mamá/papá mima a otro hermano (celos)
Hay un perrito que siempre se chiva a mamá
La mamá/papá se despide, se va a otro lugar

El papá perro ha tomado unas cervezas de más
El abuelito se despide
Una nueva mamá entra en la manada y saluda
Este hermano es más alto, más listo, lo tiene todo
El perrito se ha lastimado la pata y quiere mimos
Un perrito pide ayuda a los mayores

El adulto (padres, profe) riñe a un perrito
El perrito no sabe hacer amigos, siempre
está enfadado, y los demás se alejan
Un perrito más fuerte le amenaza y le
muerde

A veces, no apetece trabajar
El perrito está asustado, los mayores
ladran
Perrito aislado, sin amigos
Perro enfermo, en cama, patita rota, etc.

No puede parar quieto, tiene un "muelle en el culo"
Todo lo mancha, lo tropieza, lo rompe
Es mayor, sabe hacer cosas solo, como secarse
después de la ducha
Esta abuelita tiembla al andar, parece que se cae
El papá, al fin, volvió a casa

Se marcha de casa
Ha cogido algo que no es suyo
Desobedece a los mayores y se lanza a la
carretera
Va a compartir su juguete con los amigos
Está al fin feliz, contento. Todo se ha resuelto

Mamá lo lame porque se ha hecho daño
La mamá lo riñe, porque se porta mal
Un perro mayor lo tira al suelo
Está contento: juega con sus amigos en
el parque

Prueba a imaginar los diferentes contenidos que te inspira cada carta.
Y juega a organizarlas pensando en algún niño en concreto:

Estas, son algunas de las tarjetas sobre erizos, ratones y cobayas.

Recordemos a **Carlos**, 6 ½ años. Hemos pintado con plastilina y hablado de que los erizos tienen púas, que cuando se enfadan o están nerviosos, pinchan sin querer y entonces los amigos se alejan porque tienen miedo...

Trabajamos con Garabato, en la línea de los ejemplos que puse con otros chicos. Y, para externalizar el síntoma, salió la figura de un dragón.

Ahora te mostraré cómo usé las tarjetas de erizos con Carlos:

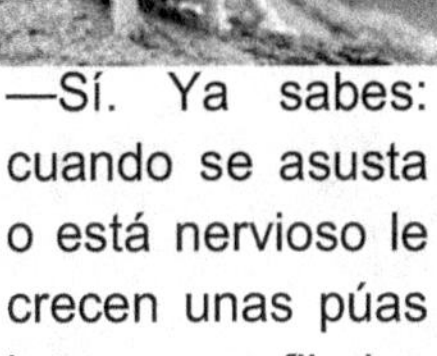

—Había una vez un erizo. ¿Recuerdas cómo es el erizo?

—Sí, el de plastilina —responde Carlos.

—Pues este es un erizo muy lindo. Pero, como todos los erizos tiene una forma de defenderse

—Tiene púas —dice.

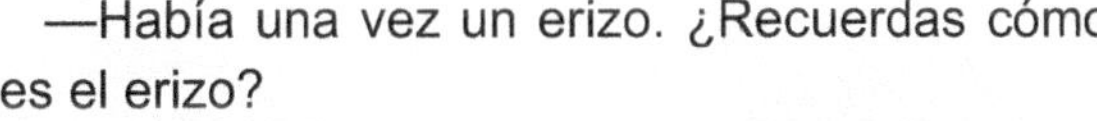

—Sí. Ya sabes: cuando se asusta o está nervioso le crecen unas púas largas y afiladas   que dan miedo, porque pinchan y duelen. Pero por dentro, es suave y sensible. El erizo es cariñoso y suave por su tripita ¿ves?

—A este erizo le gusta dibujar y jugar. Tiene muchos amigos en el bosque: ardillas, búhos, pájaros...

—Pero, a veces, se enfada. Y se pone rojo, azul, verde... Se llena de rabia. Y entonces, pone cara de malo, enseña los dientes y saca sus púas. Y, claro, si está algún compañero cerca ¿imaginas qué pasa?

—Que le pincha —responde.

—Pues sí. Y como se enfada muchas veces, pues pincha a uno, a otro lo empuja y a otro lo tira al suelo. Y pasa que sus amigos le tienen miedo, porque les hace daño. Ellos quieren ser sus amigos, pero cada vez que se enfada, ¡Ay, qué miedo le tienen!

Todos salen corriendo o se esconden. Nadie quiere jugar con él. Y el pequeño erizo se siente solo. Muy solo.

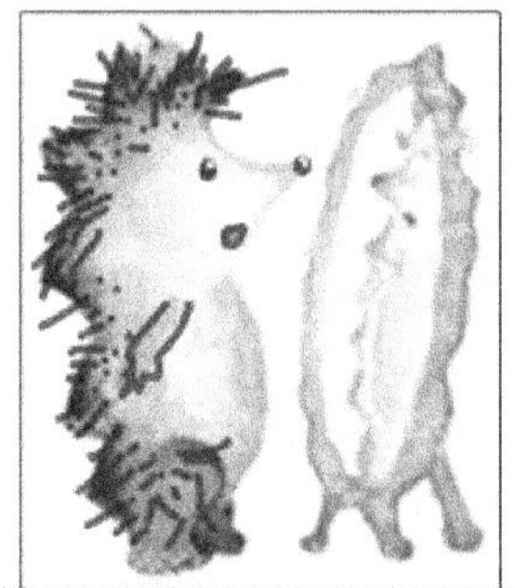

—Cuando se enfada, se pone así: rojo de rabia. Y llora y se tira al suelo. Y claro... Cuando el erizo se mira al espejo ¿Qué ve?

—No sé.

—Tú crees que se ve simpático y guapo. ¿O se ve malo y tonto?

—Se ve malo. Y muy feo así rojo.

—Y está triste, porque no sabe qué hacer con su enfado. No quiere hacer daño a nadie. Pero no sabe controlarse. ¿Te parece que podemos ayudarlo?

—No sé.

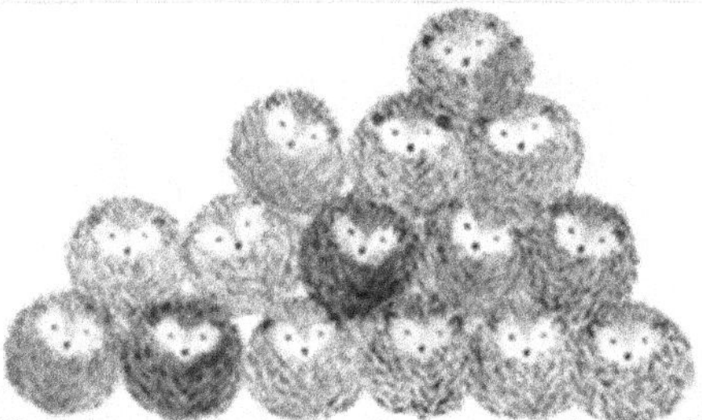

—Puede aprender a controlar su rabia, y a hacer amigos sin enfadarse con ellos cuando juegan juntos. Sería genial ¿no? Puede sentirse más contento si aprende a controlar las púas cada vez que se enfada. ¿Qué cosas crees que le enfadan?

—No sé. Que se chiven.

—Sí: que se chiven al profesor cuando hace mal las cosas. O tener que esperar turno cuando juega a la comba, o tener que esperar en fila para salir al recreo, o que no jueguen a lo que él quiere.

—Sí. Yo me enfadé con Javi.

—Ah, sí, me acuerdo. Te salieron púas, ¿eh?

—Sí.

—Pero te calmaste después. Yo estaba contigo ¿recuerdas?

—Sí.

—El erizo a veces se da cabezazos contra la verja y cómo duele eso.

—Como yo.

—Sí. Pero me parece que podemos enseñar al erizo a controlar sus púas, para que haga amigos, para que se divierta sin enfadarse. A ti, ¿te gustaría? Puedo ayudarte también a controlar tus púas.

—Vale. Y no me pegan los mayores.

—Claro. Tendrás más amigos, porque te ayudaremos la profe y yo.

En sesiones posteriores, tomamos ejemplos de algún episodio reciente y buscamos la emoción asociada a él, con apoyo visual basado en el erizo (Emoespín), además de otros recursos que ya conoces (caras con expresiones, etc.) Por ejemplo: ¿Cómo se sintió en el recreo cuando le dieron una patada? O ¿Cómo se sintió en el comedor cuando le aislaron del resto tras lanzar comida?, etc.

Emo-espín

Y el emociómetro nos servirá para medir la intensidad de la emoción y pensar cómo se reduciría con las estrategias que vamos proponiendo.

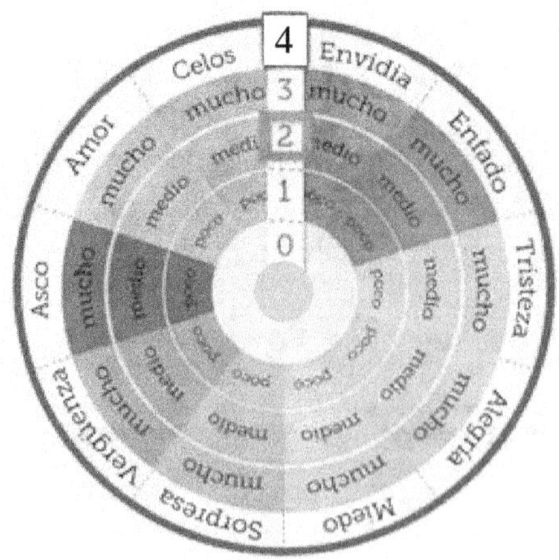

Como hicimos con las tarjetas de perros, te invito a que imagines la narrativa que puedes darle a cada tarjeta y modo en que las organizarías para adaptarlo a la problemática del niño:

Una misma carta puede sugerir diferentes escenas

La madre no quiere jugar con el erizo, está enfadada.

La mamá le dice que se marcha (separación y abandono)

No sé dónde estará el papá (Separación, padre ausente, hospitalizado, padre violento, etc)

Mamá que regresa (depresiva, ha estado una larga temporada sin hacer caso al niño, o trabaja mucho y no se ven, o vive una semana con cada progenitor y le toca ahora con ella)

El erizo estaba solo y le buscaron una nueva mamá

Mamá viene con un regalo, pero el erizo tiene miedo

Mamá jugando con otro hermano (celos)

Mamá contando que espera un hermanito.

Puedes regresar a la página donde te mostré las tarjetas de erizos, para que ejercites tu capacidad inventiva, como hiciste con las de los perros.

Recuerda que, aunque en un principio te parezca difícil, la habilidad para inventar y organizar historias se ejercita. A veces, nuestra parte racional la inhibe, nos da vergüenza empezar un relato o dudamos de nuestra capacidad...

Pero, recuerda:

Yo puedo si lo intento

Para adolescentes, dispongo de varios tipos de fotografías. Algunas, en formato Din A4, para "romper el hielo" en trabajo individual o en grupo. Podemos presentar fotos de un águila, un puma, un mago, una playa… y preguntarle: ¿Con cuál te identificas? ¿Por qué? o ¿Cuál te gusta más? ¿Por qué? Conectará con intereses, cualidades que valora en los demás y no ve en sí mismo, o que cree tener y de las que se siente orgulloso. De este modo, nos dejará conocer algunas cosas de él.

Otro grupo de fotos son más "evocadoras" y permiten conectar con necesidades, conflictos, inquietudes o frustraciones. Son **"despertadores de la memoria contenida"** que no dejan impasible a quien las observa. Por ejemplo: **puentes, caminos, pasos, puertas, bosques, abismos, mar embravecida, barco en medio de una tormenta, fuego, huracán, alguien mirando al horizonte**. Siempre sugieren cosas distintas, pero poderosas.

Otro grupo, es un poco más intenso. Me sirve con chicos/as más activados y de riesgo (autolisis, consumo de sustancias, conductas delictivas, huidas de domicilio), con un elevado nivel de desregulación emocional, baja autoestima y, generalmente, dificultad para conectar y abrirse al adulto.

Las cartas son un medio seguro, porque puedo adecuar el discurso, controlar la profundidad a la que indago y las emociones que afloran sin traspasar el umbral de tolerancia emocional. Permiten introducir aspectos positivos, frases resilientes o simplemente pueden ser un apoyo para escuchar y aceptar las emociones, para que el adolescente/joven se sienta mirado y comprendido, para que "se sienta sentido", y más tarde ir modificando su discurso y poder ofrecerle otra narrativa que le permita avanzar.

Trabajar con fotografías permite modular el contacto visual, mirando poco a poco, según se va sintiendo cómodo. Hablar con un adolescente cara a cara, cuando tiene una larga historia de inadaptación escolar, expulsiones y mala relación con los adultos, puede ser muy violento y provocar que se ponga a la defensiva y finalice la conversación, sin darnos tiempo a establecer un buen vínculo con él.

Trabajar con tarjetas puede parecer fácil, pero no lo es. Necesitamos:

-Crear un ambiente íntimo, pero distendido, en el que la persona pueda expresarse con libertad, sin interrogatorios ni presiones.

-Establecer un espacio de confianza, sin juicio, en que no se sienta cuestionada ni evaluada.

-Construir un vínculo afectivo como base fundamental. Permitirle al niño o joven dañado la oportunidad de relacionarse de otro modo con un adulto que le acepta, le acoge, le escucha y sintoniza con él, para después, ofrecerle ayuda.

-Crear un espacio seguro: en el que poder contener y gestionar las emociones que surjan, sin traspasar la "ventana de tolerancia emocional" (Ogden, 2016), sin que la experiencia le desborde por ser angustiosa e insoportable.

-Ser muy flexibles y adaptarnos con rapidez a la dinámica cambiante del proceso, variando el tono, cambiando la carta o la historia para reconducir una emoción no deseada, etc.

-Permitir al joven/niño cierto control: eligiendo la carta, hablando o callando, revelando lo que desea o deteniendo el discurso para tomarse un respiro.

-Tener previstos y disponibles varios recursos de calma, relajación, etc. a los que el niño o joven sepa que podemos recurrir si lo necesitamos.

Lo prioritario no es la exploración, ni la información que podamos obtener. No hay que tener prisa en hallar respuestas ni claves para entender la problemática de la que partimos. No debemos precipitarnos al interpretar, desde nuestro mapa personal, las vivencias, emociones y motivaciones del otro, porque fracasaremos.

Es un camino que avanza despacio. Que consiste en sentir juntos, escuchar y explorar la relación que vamos creando, edificar los pilares de la confianza y verse reflejado en los ojos del terapeuta, como un niño válido y digno de ser amado.

Eso permite verse y reconocerse vulnerable y fuerte a la vez. Dañado, pero renovado. Listo para levantarse y seguir.

Ya hemos visto las propiedades y funciones que puede adoptar un muñeco resiliente. Hemos hablado del procedimiento general y te mostré algunos ejemplos.

Veamos ahora algunos más:

Lupo, "Mi dulce osito" ©

—Este es un oso especial —dije sonriendo a **Carla**.

—Es un oso de trapo. No hace nada —respondió la niña.

—Sí, eso parece a primera vista… Pero no. Este oso tiene un poder especial. Me acompaña a todas las sesiones con los niños. Se mantiene atento y callado. Escucha y entiende al niño.

—¿Cómo? —quiso saber Carla.

—Verás: a veces, nos sentimos tristes, parece que nadie nos quiere…El oso lo sabe.

Otras veces, la rabia nos llena por dentro como un fuego que crece y crece. Es una especie de "tristeza rabiosa" porque, al sentirnos desdichados y solos, nos enfadamos con todos y queremos dar patadas y salir corriendo y, no sé, morder a quien se ponga delante… Porque la rabia desata nuestra fiera interior.

Entonces, si podemos calmarnos un poco, cogemos al oso entre nuestros brazos. Lo miramos a los ojos y decimos:

"Te quiero, ¿me quieres?"

Y esperamos hasta que sentimos que nos responde con sus ojitos alegres:

"Sí. Te quiero mucho, te quiero a mares.
Te quiero mucho… siempre"

Entonces, lo abrazamos fuerte y sentimos su abrazo. Y nos quedamos así, hasta que su cariño nos llena y nos calma. Después, lo miramos, le sonreímos y lo dejamos en su sitio. Porque ya nos ha llenado de magia.

—¿Cómo se llama? —preguntó Carla.

—Lupo —respondí—. El nombre se lo puso el primer niño al que abrazó.

¿Te gustaría probar?

Para un niño triste, inseguro o dañado, Lupo es un gran coterapeuta:

✓ Las consignas no dan opción: el osito siempre va a responder que nos quiere. *"Esperamos hasta que sentimos que nos responde"* o *"Cuando sientas que te responde con sus ojitos alegres que te quiere mucho…"*

✓ *"Sí. Te quiero mucho. Te quiero a mares... Te quiero siempre"* es una frase que repito como un mantra, que se graba en la memoria del niño como un eco de mi voz. Y que la llevará consigo.

✓ Modificamos su mapa personal, sus esquemas sobre las personas, las relaciones y los sentimientos. El oso es predecible: siempre responde con aceptación y cariño. El niño anticipa una respuesta positiva. Se siente querido.

✓ El abrazo calma, reconforta. Centra al niño en el "aquí y ahora". Contiene y regula. Aporta un espacio emocional agradable, silencioso y envolvente, que disfrutará el tiempo necesario.

✓ Es un mediador increíble. Con niños que rehúyen el contacto visual, ayuda a lograrlo. Le guiamos para que mire a los ojos del oso, que no le resultará tan comprometido como mirarme a mí directamente. Y, mientras hablo, alterno la dirección de mi mirada: hacia el oso y hacia el niño, para conectar con él, aumentando progresivamente el tiempo de contacto directo.

✓ Con niños que rechazaban los abrazos, he usado el oso para hacer abrazo niño-oso, y unirme yo después al abrazo, espachurrándonos los tres entre risas.

✓ Algunos padres y madres "no son de abrazos". Jamás han dado un abrazo a su hijo y se sienten ridículos cuando les propongo hacerlo. Pero con el oso, algo ocurre en el ambiente que nos relaja y, jugando, experimentamos el abrazo.
Lo hago yo primero:

—"Uy, qué agradable. Es blandito y suave. Me da energía y me siento bien... ¿Quieres probar?"

Cuento con que, dentro de cada adulto, hay un niño que no se resiste al juego. Podremos hablar después de que quizá no hemos recibido abrazos en nuestra infancia y, por eso, nos sentimos raros al hacerlo.
¡Pero nuestro hijo necesita los abrazos como el comer!

El oso crea un ambiente especial. A veces, Lupo está sentado a nuestro lado, mientras dibujamos o trabajamos con las tarjetas y hablamos. Y el niño lo mira y sonríe, porque le transporta al mundo del juego o porque le inspira ternura.

Ya no somos adulto y niño solos. Está ese oso mágico al que "personalizamos" y atribuimos cualidades de escucha y aceptación que necesitamos. Y el niño lo siente muy cercano, atento a la sesión y dispuesto a abrazar al niño cada vez que lo pida.

Hay momentos en que el niño está incómodo o nervioso, porque hemos tocado un tema delicado. Entonces le ofrezco un abrazo:

—"Estás siendo muy valiente. Me gustaría darte un abrazo

Pero ya sabemos que muchos no aceptarán. Si han sido dañados, desconfiarán del adulto o se sentirán presionados a hacer algo que no desean. Entonces, lo invito a que abrace al oso:

—"Estás siendo muy valiente. Creo que necesitas un abrazo de Lupo, ¿qué te parece?"

—"Te estás enfadando. Respira hondo y mira a Lupo. ¿Quieres abrazarlo?".

En ocasiones, es el niño quien reconoce la emoción desagradable y pide a Lupo.

—Mamá te quiere, ¡Cómo no va a hacerlo, si eres un niño estupendo! Fíjate que yo apenas te conozco de unos pocos días trabajando juntos, y ya te quiero un montón.

—No es verdad —duce Miguel.

—Sí, y vengo contenta porque me gusta trabajar contigo. Y Natalia (su tutora) también te quiere y te cuida; y Jorge (el de gimnasia). **Mamá te quiere mucho**. Aunque a veces no lo diga. Yo sé que te quiere, porque me habla de ti y le entra alegría. En sus ojos veo que te quiere.

Miguel desvía su mirada hacia el oso.

—Quiero abrazarle —me dice, señalando al oso.

—Claro, ¡es el momento de un gran abrazo!

Le dejo unos minutos de silencio, abrazado a ese oso enorme. Y me acerco despacio, apenas sin hacer ruido:

—Yo también necesito un abrazo. —Me pongo de pie y espero permiso.

Por más respuesta, alza los hombros, pero me deja. Este es un paso muy grande para un niño que necesita "guardar las distancias" y mantenerse a salvo de cualquier necesidad de cariño que lo haga vulnerable.

Lupo pasará a formar parte del "Rincón de calma" que hayamos dispuesto en el hogar o en el aula, como una herramienta más que el niño puede usar cuando lo necesite, porque ya le hemos mostrado cómo beneficiarse de su abrazo.

Y Lupo quedará en su mente, como un ancla a la que recurrir, aunque no esté presente. Como un símbolo poderoso asociado a las sensaciones reparadoras de la terapia. Porque el niño que lo abraza lleva consigo la magia y el cariño de nuestro oso y de nuestras sesiones.

Como podrás imaginar, puede emplearse hasta final de la educación primaria, aunque me he atrevido con algunos chicos de 1º de la ESO, que siguen siendo muy niños. Al proponer en el aula hacer una gran fila para abrazar a Lupo, alguno puede negarse por vergüenza, aunque es probable que, finalmente, acepten todos. Pero, en el espacio privado de la consulta o en aula aparte, no sienten la necesidad de aparentar "ser mayores" frente a sus compañeros" y lo reciben de buen grado.

He llamado a esta técnica *"My sweet bear"* *("Mi dulce oso")* ©. Es uno de los recursos más sencillos de usar y tiene muchas posibilidades.

Verme aparecer en un colegio con el oso bajo el brazo, que es de mi tamaño, genera curiosidad y risas. Y casi me siento segura de lograr un gran avance ese día, porque a mí también me tonifica y alienta.

El oso es mágico de verdad, porque está lleno de abrazos de niños heridos y de sonrisas. Y a mí misma me recuerda, cada vez que lo miro, el increíble trabajo que hacemos rescatando niños rotos de las fauces del destino.

El abrazo tiene un lenguaje universal.

El abrazo conecta, reconforta, contiene emociones y ayuda a regularse al niño. El abrazo expresa cariño, cercanía. Al abrazar, suspendemos los sentidos para llenarnos del tacto y calidez el otro, del latido de su corazón. Sentimos su presión en nuestro cuerpo, envolviendo, recogiendo, abarcando nuestro espacio… Y por un instante, no hacen falta palabras para sentir que somos uno.

Hay libros con divertidas ilustraciones que permiten imaginar abrazos y sentir a través de los personajes que se abrazan, ponerlos nombre y descubrir un diccionario infinito de abrazos:

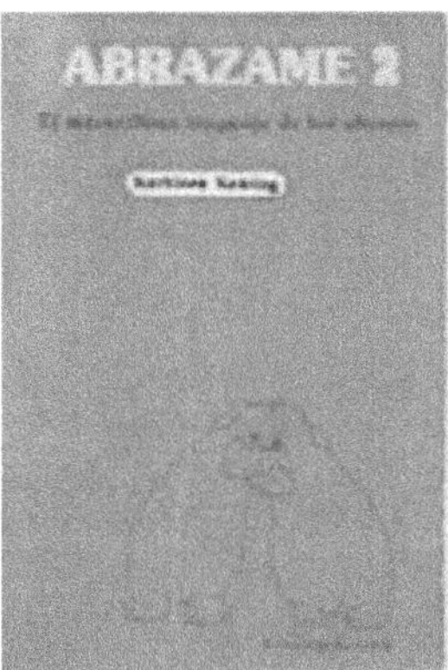

Daniel, 7 años. Delgado y bajito, parece menor que sus compañeros.

Sus padres se han separado, tras varios años de tensión constante. La madre se ha ido del hogar hace seis meses. Al principio, solía llevarse a Daniel con ella los fines de semana, después empezó a poner excusas. Ahora, hablan por teléfono de vez en cuando, pero se ven pocas veces. Daniel no la nombra. Si le pregunto, levanta los hombros y dice que le da igual, pero se inquieta.

En el colegio se han incrementado sus conductas desafiantes y agresivas. Parece más nervioso y se enfada con facilidad. A veces no pueden contenerle. Cuando se enfada, arremete con todo: lanza, rompe, tira patadas a quien se acerque... Al final, estalla en llanto.

Hemos rellenado con plastilina el dibujo de un perro, mientras le hablo de cómo separamos de su manada a los chiquitines para llevarlos a las casas de los humanos. "¿Cómo se sentirán?", pregunto. Y continúo hablando mientras trabajamos. Él solo escucha.

—Mi perrita Lana tenía 3 meses —le dije—. Se hacía pis en cualquier sitio de la casa. Jugaba y rompía todo: me destrozaba los calcetines, las toallas... ¡Todo lo que estaba a su alcance! Las chancletas de playa quedaron en mil pedazos repartidos por todo el pasillo.

Daniel soltó una carcajada.

—Cuando yo llegaba del trabajo, abría la puerta de casa —continué—, y me encontraba el desastre: un montón de cosas rumiadas y esparcidas por el suelo. Lanita se quedaba muy quieta, con la cabeza agachada. Sabía que "la había liado parda" y, aun así, no podía evitarlo. Yo creo que la soledad le daba miedo. No sabía si yo la había abandonado o si iba a regresar. A lo mejor estaba asustada y rabiosa. O triste...

—Estaría triste —respondió Daniel—. Porque la ibas a castigar.

(Parece evitar el tema de abandono, prefiere centrarse en el desastre)

—Yo no entendía ¿sabes? Me enfadaba porque rompía cosas. Pero ella no sabía decirme que estaba triste. A veces pasa, que estamos tristes y rabiosos a la vez. Y rompemos cosas y mordemos...

—¿Cuánto falta para el recreo? —interrumpió.

Algo se estaba removiendo en el interior del niño que dolía, y buscaba el modo de salir de la situación.

—Mira: voy a posar aquí mi reloj. Cuando la aguja llegue a esta raya, salimos a jugar. Queda muy poco. Puedes ayudarme a recoger.

No quise forzar. Me gusta que el niño sepa que puede detener una conversación que le incomoda. Ya continuaré en otro momento.

—¿Vas a traer a Lana? —preguntó.

—No, no me dejan traer perros de verdad.

—¿Y a Rufo?

—A Rufo sí. El próximo día lo traeré, ¿te gustaría?

—Vale.

En la siguiente sesión retomé el tema de los perros, de las trastadas y el carácter de los cachorros:

Los perros no pueden hablar como nosotros, no saben decirnos cómo se sienten y entonces rompen, muerden. A veces, se enfadan mucho si les riñes.

—¿Sabes qué pasa? —pregunté, mientras sacaba un cuaderno—: Voy a hacerte un dibujo

—Este es nuestro cerebro. Es muy importante, porque gracias a él pensamos, hablamos, recordamos cosas, aprendemos... Pero, a veces, se llena de borrones y rayas, cuando escuchamos "Eres tonto", "Tienes que estudiar", "No hagas ruido", "No te metas en cosas de mayores". O peor, cuando pensamos: "Soy tonto", "Todo lo hago mal", "Nadie quiere ser mi amigo":

—Cuando tenemos el cerebro así de cargado, ¿crees que podemos hacer bien las tareas? No: no podemos pensar. Está todo lleno de rayas.

Garabato no nos deja pensar ni trabajar bien:

—Garabato se siente mal, pero no sabe decirlo. Y entonces manda señales: a la barriga, "¡Me duele la barriga!"; a las piernas "¡No puedo parar!" o a las manos... Y salgo corriendo y rompo cosas. Porque tengo unas ganas tremendas de correr, de pegar a alguien o de morder... Como Lana, ¿te acuerdas?

Es normal sentirse así. Garabato está echo un lío. Y no sabe qué hacer. No puede parar quieto, está nervioso, enfadado... **Normal.** Claro: **a todos nos pasa.** Como a Lana, ¿te acuerdas de ella? **Lana se sentía mal porque echaba en falta a su madre.**

Daniel se levanta de la silla, visiblemente alterado

—He traído conmigo a Rufo, ¿quieres que lo saque? —le propongo.

Rufo sale de mi bolsa, saluda contento al niño y le pregunta de qué estamos hablando.

Daniel se lo cuenta, aunque se interrumpe varias veces para preguntar por qué tiene así las orejas, por qué la lengua está cosida... Parece que quiere, pero no quiere hablar del tema, y da rodeos. Rufo le dice a Daniel:

—A mí también me pasa: a veces estoy triste porque Laura se va y me deja solo... No sé cuándo volverá. Y me enfado mucho, porque no me lleva con ella... Y muerdo un poco la esquina de la pared, de la rabia que me da, pero no se lo digas... Es que me sale un perro rabioso, salvaje, como un lobo ¿me entiendes?

—Ya —ríe Daniel.

—¿A ti te pasa, que te sale un animal rabioso de dentro... como si no pudieses controlarlo? —pregunta Rufo.

—Sí, bueno. A mí me sale un perro rabioso también. Un dóberman.

—Ah, ya veo —dice Rufo—: un perro enorme, con los dientes amarillos y grandes, diciendo "Estoy rabioso, grrrrrr. Voy a romperlo todo"

—Sí, muy grande y da golpes.

—Sí claro, y los demás se enfadan porque no puedes parar al perro. —Rufo se rasca la oreja, pensando— ¿Lo dibujamos?

Este es el perro que dibujamos juntos Daniel, Rufo y yo.

—¿Puedes decirle eso a mis padres? -me preguntó Daniel.

—¿Qué?

—Todo eso. Lo del cerebro, el perro rabioso —Daniel señaló el dibujo.

—Ya veo. ¿Para que sepan que no eres malo y que es normal lo que te pasa?

—Sí: eso

—Claro. Si tú quieres, se lo explicaré.

Con Rufo, hemos logrado que el niño se olvide del adulto, o que se relaje porque hablar con una marioneta está a medio camino entre lo serio y lo cómico, entre lo real y lo imposible. Y se deja llevar, para encontrar al fin esa imagen que simbolice su rabia y sus conductas inadecuadas, sin sentirse mal niño por ello. A partir de ese momento, aprenderemos a conocer a su "Dóberman", entenderemos por qué se enfada y cómo podemos hacerlo más pequeño y simpático.

Cuando Daniel se sienta fuerte y con herramientas para "sostener" emociones que le desbordan, veremos que se abre a hablar de su madre, de las cosas que nadie le ha explicado y de su terrible creencia: que su mamá se ha ido por su culpa y que no quiere saber nada de él.

Pero Rufo nos ayudará a dar un nuevo significado a esa vivencia dolorosa, para que Daniel pueda hablar, entender y recolocar las piezas de otra manera.

Paralelamente, trabajamos con la madre, para que entienda cómo se siente su hijo y cómo puede mejorar la relación, haciéndole sentirse querido y buscando nuevas alternativas que supongan "tiempo de calidad" juntos, aunque el tiempo real de relación entre ambos se haya reducido.

Continuamos el caso de **Nico, 6 años** (antes en págs. 73 y 91)

—Hoy he traído a alguien para ayudarnos... A ver si sabes qué es.

—¡Un perro!

—Sí. Se llama Randy —le dije—. Encontré a Randy en una  juguetería: en una estantería llena de osos de peluche. Él y su mamá eran los únicos perritos. Pero su mamá estaba en un rincón, como escondida entre los osos. Estaba malita, con las orejitas caídas y muy triste. Me dijo al oído: «Cuida de mi pequeñín, que yo ahora no puedo». Así que cogí al pobre Randy, con mucho cariño, y me lo llevé a casa, mientras su mamá se recuperaba.

Cuento esta historia y miro a Randy, que lo tengo en mis manos. Lo "consuelo" y acaricio, lo abrazo y miro a Nico de manera intermitente.

—Creo que le duele el corazón ¿sabes? A veces me parece que respira flojito, y que el corazón no tiene fuerza para latir. Ve a su mamá malita y se pone triste. Otras veces, me dice que le duele la barriga, 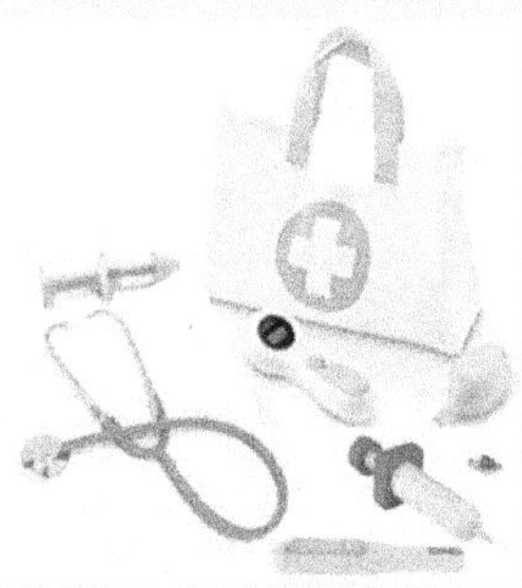 no sé por qué... He traído algunas cosas... Si quieres ayudarme, podemos intentar ver qué le pasa.

Pongo sobre la mesa un maletín con material médico. Comienzo explorando el corazón de Randy e invito al niño a que me imite. Él me indicará por dónde empezar, porque "detectará" si le duele la barriga, el corazón o los oídos.

—Ah, ya veo —digo al niño—. Le duelen los oídos de tanto ladrido en casa. Los mayores se ladran entre ellos y a Randy. Creo que se asusta cuando le riñen, ¿qué te parece?

—Sí, claro, si ladran fuerte... —dice Nico.

—A veces hasta le duele la cabeza. Y no puede taparse los oídos.

—Sí —responde.

—Podemos curarle los oídos. ¿qué necesita? —le pregunto.

Ponemos tiritas en una oreja y en el corazón, porque Nico me dice que Randy está triste. Y yo digo que a lo mejor piensa que su mamá no le quiere, porque no juega con él, pero es que está malita...

Juntos, vamos sintiendo al peluche, reconociendo sus pupitas y curándole con ternura. Cuando creo que hemos terminado, Nico me dice que hay que curar las patas.

—Ah, vale. Podemos ponerle vendas o tiritas. Quizá se hizo daño...

—No. La mamá le rompió las patas cuando se enfadó con él por portarse mal en el colegio —afirmó Nico.

*No sabemos si la mamá le ha hecho tanto daño alguna vez. Lo que sí parece es que Nico lo ha contado con naturalidad. Al menos, ve posible que la mamá le hiera de ese modo. Pero no vamos a abordarlo hoy. Solo le ofrezco vendas, que él mismo quiere cortar. Y vendamos las patas hasta que le parece suficiente.

Al terminar, lo miramos, centrando la atención en lo aliviado que está Randy, y lo envolvemos en una mantita para dejarlo descansar hasta la siguiente sesión.

Hemos visto como, partiendo de un mismo peluche, adapto el relato a la historia del niño. Te he mostrado como con la plastilina, varío también la narrativa para ajustarme a lo que necesitamos en ese proceso. A decir verdad, podrías adecuarte a cada necesidad con solo dos o tres peluches y diferentes dibujos de plastilina para colorear.

Solo necesitas entrenar la creatividad y tejer los hilos de la historia de modo que te permita ir tomando el pulso al niño para adecuarlo del mejor modo posible.

Ahora, partiendo de los niños que ya conoces y de su historia, prueba a imaginar qué relato inventarías mientras cura, alimenta o cuida a su muñeco. Qué temas quieres abordar, qué nueva perspectiva quieres mostrarle, qué necesidades pretendes trabajar, etc.:

Carlos y Pincho, el erizo.

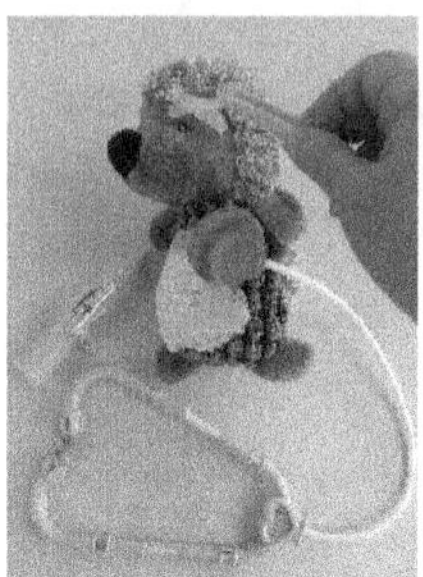

Daniel y el osito Teddy

Miranda y Lisa

Unai y el muñeco Lucas

Gabriela, 14 años. Es la pequeña de cuatro hermanos que inicialmente viven en España, pero que son enviados a Colombia con sus abuelos, tras una dura separación de los padres y la imposibilidad de hacerse cargo de ellos. Gabriela permanece allí hasta los 11 años. Cuando los cuatro hermanos regresan a España, la madre tiene una nueva pareja. Gabriela se adapta bien y todo transcurre con normalidad, es buena estudiante y progresa con buenas notas. Pero a los catorce años se escapa de casa con un hombre mayor. Cuando logran encontrarla, dos semanas después, se destapan una serie de sucesos que su madre desconocía: había sufrido abusos por parte de un familiar durante su estancia en Colombia.

Cuando se inician las denuncias hacia el hombre con quien se fugó, Gabriela pasa a un programa de atención a víctimas de abuso y violencia, una labor terapéutica en la que el apoyo y colaboración familiar son esenciales.

Pero la madre reacciona negándolo. Culpa a Gabriela de mentir, de tener relaciones con hombres mayores y de poner en peligro a la familia por acusar a uno de sus familiares de haber abusado de ella.

Para Gabriela, que por fin se ha atrevido a confesar su doloroso pasado, encontrar una respuesta tan dura de la persona que debió protegerla antes y que ahora debería al menos escucharla, es algo así como un "tiro de gracia" que hace migas su maltrecha autoestima.

Desde la **teoría del trauma centrado en el doble golpe** (Cyrulnik, 2001, 2005, 2009), este nuevo revés aumentaría el sufrimiento y soledad de Gabriela de un modo exponencial. El abuso o los malos tratos suponen un primer golpe demoledor para cualquier niño, que puede intentar mantener ocultas su tristeza y su rabia, incluso la culpa. No sabe cómo expresarlas sin revivir el trauma o sin correr el riesgo de no ser creído. Si se decide a contarlo y se le responde con incredulidad o se le culpa del daño, su dolor y humillación se multiplican. Es el segundo golpe: profundo y definitivo. Y puede que pierda la confianza en los demás y que "se cierre" en sí mismo, porque sabe que nadie puede entenderle ni ayudarle.

Así que nos encontramos a una chica rendida y sin ganas de hablar con nadie, después de haber repetido su historia mil veces a policía, abogados, familia, técnicos del servicio de atención a víctimas de abuso, etc. Gabriela se mantiene fría y distante, y advierte en la primera sesión: "Yo no soy de hablar mucho, y ya he dicho demasiado".

Después de varias sesiones con Gabriela, y de otras tantas con la madre para hacerla consciente del estado de su hija y de su necesidad de sentirse escuchada y apoyada, propuse a Gabriela una sesión con muñecos, en la que "podemos trabajar apenas sin palabras".

Y accedió.

En la segunda sesión le propongo una relajación guiada, mientras cuento una historia, para trabajar después con la técnica de la Caja de arena. Yo "hablaba sin hablar directamente" de esos momentos en que las cosas parecen oscurecer el paisaje, en que no sabemos si hay nubes de tormenta o solo viento... En que nos gustaría pasear y sentirnos mejor y más ligeras... Una pequeña visualización en forma de trance ericksoniano, con la que crear un "ambiente emocional propicio" para que afloren algunos miedos y obstáculos que dificultan ser feliz, porque podemos tomarlos en nuestras manos, como pequeñas piedras del camino, para observarlos y colocarlos a un lado...

La pido que, a su ritmo, abra los ojos y pasee por la sala observando las miniaturas:

—Te invito a crear una escena en esta caja de arena: la que quieras, como quieras. Todo vale. Solo necesitamos estar en silencio mientras lo haces. Cuando termines, me dices. Ahora, mira los clicks. sus colores, su ropa, su expresión. Elige los que quieras, los que te llamen la atención. O déjate llevar por su magia, porque quizá sean ellos los que te elijan a ti o sientas una conexión especial con alguno....

Después de completar su caja de arena, dedicamos unos minutos a observarla, también en silencio, girando para verla desde todas las perspectivas. Así facilitamos que Gabriela tome conciencia de la caja en su totalidad: relacionando en su mente personajes y espacios, posturas, distancias, gestos... Y paso a la fase de exploración conjunta, mediante preguntas y comentarios que la hagan buscar significados.

—Bien, veo un dragón rojo. Me pregunto si es peligroso.

—Sí —responde muy escueta.

—Quizá tenga fuego o esté relajado... Me pregunto qué va a hacer.

—Pues tiene fuego. Sí. —No dice más, así que paso a otro muñeco.

—Este de aquí, tiene vendas: es un fantasma o una momia, no sé...

—Una momia, está claro —responde.

—Y ¿qué hace?

—Nada. Está ahí. No hace nada. Ese es el problema.

—Ya veo... Y esta muñeca, no sé si está dormida o despierta, si está llorando o qué.

—Está despierta —dice con indiferencia.

—¿Está asustada o tranquila?

—Está tranquila. No sabe lo que va a ocurrir —dice Gabriela, como si fuese evidente. Y se calla. Así que insisto con el dragón:

—El dragón me parece el más grande, el más temible, no sé. ¿Está mirando a la muñeca o hacia el superhéroe?

—Está mirando a la niña. Tiene hambre. La va a devorar y ella no se entera. Está ahí como si nada. No sabe lo que la espera. No se entera —dice casi con rabia.

—¿Y esta figura?

—Es un payaso

—Sí, eso me parecía. ¿Qué hace ahí? ¿Es bueno o malo?

—Malo

—¿Qué crees que va a hacer?

—Engañarla, con el globo. La engaña para conseguir lo que quiere.

—Dime, aquel de allí parece un superhéroe. Podría ayudar a la niña ¿no?

—Podría. —Gabriela levanta los hombros—, pero se queda quieto. Está lejos.

—Y este de aquí, parece que tiene una pistola de fuego o algo así ¿no? No sé muy bien qué puede ser... —La miro esperando su respuesta.

—Ese es el odio de todos. Todos están llenos de odio, de mierda.

Cuatro monstruos acechan a una muñeca que parece no saber qué ocurre. Como Gabriela parece referirse a los abusos sexuales de su infancia, no profundizo, pues correría el riesgo de romper la conexión. Y no me interesa indagar en detalles. Mi prioridad es que se sienta escuchada, comprendida, y que explore sentimientos desde una posición relativamente segura. En otro momento podremos ahondar, si ella lo necesita.

Señalo la cunita y digo:

—Me pregunto si la muñeca podría escapar.

—No, no puede —responde Gabriela—. Es tonta, no se entera de nada.

Y lo dice con rabia, imagino que conteniendo un sentimiento profundo de culpabilidad por no haber sabido ver y evitar los abusos. Así que intento desculpabilizar:

—Quizá no podía hacer nada. A lo mejor ni siquiera sabía andar, ni podía salir corriendo, no sé. Si era muy pequeña, no sabía.

—Ya... —responde Gabriela, aceptando.

Y antes de que cuestione la explicación, cambio de personaje:

—Me pregunto por qué has elegido a este, pudiendo elegir a Supermán, Supergirl o a cualquier otro superhéroe.

—Me gusta Batman —responde—, porque no tiene superpoderes. Porque todo lo que ha conseguido ha sido por sí mismo. Sus músculos, su fuerza...

Ahora veo la oportunidad de anclar en Gabriela alguna semilla de resiliencia:

—Sí, es verdad —respondo—: Todo lo que tiene lo ha **logrado él mismo**, con esfuerzo e inteligencia, porque construyó el Batmóvil y muchos otros inventos. Y porque dedicó su vida a luchar contra el mal. Mira qué estoy pensando (hago una pequeña pausa). Cuando era un niño, vivió la injusticia. Una tremenda experiencia. Mataron a sus padres ante sus ojos, por un poco de dinero y joyas. Los vio morir sin poder hacer nada, paralizado de miedo, sin poder gritar ni moverse (intento sugerir cierto paralelismo con la muñeca de la escena). Debió de pensar que era un cobarde, un tonto por no haber hecho nada. No imagino cuánto sufrió. Pero ¿sabes qué?

—¿Qué? —preguntó Gabriela.

—Que supo hacer de la tragedia algo bueno. Confió en sí mismo, decidió ayudar a otros. Se propuso luchar contra la injusticia y se hizo fuerte, muy fuerte.

Nos quedamos mirando la figura, mientras yo asiento con la cabeza.

—Esta muñeca no sabe que dentro de ella está **la fuerza**. No sabe, al ser tan pequeña, que **un día aprenderá** a andar y **podrá** correr y salir de situaciones de peligro. No sabe que aprenderá a hablar, a leer y a escribir... Y fíjate qué difícil debe parecerle todo eso siendo tan pequeña... Es como una semilla.

Cada semilla, siendo diminuta, **lleva dentro** la capacidad de crecer y echar raíces. Y sus raíces **sabrán** extenderse bajo la tierra para nutrirse. La semilla **sabe** que debe alzarse y extender las ramas. **Sabe** cuándo debe dejar caer sus hojas, cuándo hacer surgir los frutos. Hay una sabiduría escrita en nuestros genes, que ayuda a desplegar todo lo que llegaremos a ser. Imagina lo difícil que debe ser aprender a hablar, a andar y todas esas cosas que esa niñita desconoce.

(Pongo un ligero énfasis en las palabras en negrita, para dejarlas marcadas en el subconsciente)

—Te invito a que elijas la figura que represente a esa muñeca de mayor, y que la añadas a la escena.

Gabriela se levanta y elige una muñeca. Me pregunta si puede mover a Batman. Y entonces lo acerca a la cuna y sitúa la muñeca junto a él.

La escena queda así:

—Me encanta —digo a Gabriela—. Veo a esta figura resuelta, haciendo frente a todos los malos, junto a Batman. Ya no es una muñequita pequeña e indefensa. No está sola. Quizá encuentre el modo de hacer de su experiencia, su fuerza. Me encanta...

Ah, nos quedan unos minutos que voy a aprovechar para darte un resumen de concursos literarios…

Como veis, he cambiado rápidamente de tema, para no dar tiempo a su parte racional y consciente a cuestionar los mensajes sanadores que he dejado en el aire. He traído un esquema con fechas de concursos de relato y cuentos porque a Gabriela le encanta escribir. Y dedico unos minutos a explicarle el esquema. Y nos despedimos hasta la próxima sesión, sin volver a mencionar, por hoy, a la pequeña figurita en su cuna.

En la siguiente sesión, me cuenta cómo le ha ido la semana. Me dice que está logrando evitar discusiones con su madre, que prefiere estar sin hablarse con ella. Intento dar otra narrativa a la respuesta tan acusadora que ha recibido de la madre. Explico que los adultos a veces se ven desbordados por las situaciones, no saben cómo afrontarlas y niegan algo que les resulta insoportable: que un familiar haya hecho algo tan malo. Que quizá debió escucharla, sin juzgar, diciendo "Me cuesta creer lo que dices", en vez de las cosas tan duras que la ha dicho: "Mientes, eres lo peor, siempre te ha gustado enredar con los hombres". (Más tarde intentaré que ambas puedan hablar para recuperar el cariño y la confianza que se tenían).

—Es inmadura —dice Gabriela, refiriéndose a su madre.

—Todo lo que tú has pasado te ha hecho madurar un montón, y comprendes cosas que quizá ella no. Todavía no.

Podría haber propuesto una dramatización con muñecos madre e hija, para que le pidiera a su madre aquello que necesita de ella. Pero hay demasiado dolor aún, y no se ve fuerte. No es el momento. Pero sí buscaremos el modo de desculpabilizar: Gabriela aún duda de si pudo hacer algo por evitar todo cuanto le ocurrió. Culpabilidad que se acentúa por las acusaciones recriminatorias de su madre.

—Me gustaría mostrarte algo. —Pongo sobre la mesa las dos figuritas que eligió: niña y adulta.

—Otra vez los muñequitos —dice Gabriela con ironía.

—Verás: me pareció que se sintió fuerte, junto a Batman ¿recuerdas? Situaste esta figura junto a Batman, mirando a los monstruos frente a frente, con la cabeza bien alta... Quizá esta muñequita ha dudado siempre de su fuerza, de su capacidad para enfrentar las cosas, pero esta otra es mayor, más madura. Me gustaría que hablase a la pequeña. ¿Qué le diría?

—No sé —responde muy seria.

—Bien. Entiendo. Hablaré yo, entonces, ¿te parece?

Levanta los hombros otra vez, con la mirada en las figuras. Y hablo:

—Esta figura es mayor. Tiene a sus espaldas el peso de todo lo que ha vivido y ha tenido que callar. Ha sido capaz de seguir hacia delante, con fuerza y determinación. Ha estudiado y siente un gran orgullo personal por lograr sacar buenas notas, por rodearse de buenas amigas... A su manera, es una superviviente que ha sacado fuerzas para seguir adelante... Ahora, viendo a esa niña indefensa en su cunita, se queda un momento callada y piensa «Qué pequeña es, qué poco imagina lo dura que será la vida». Pero la sonríe: «Ahora eres pequeña y no sabes. No sabes andar, ni hablar, ni correr. Pero aprenderás muchas cosas que ahora te parece imposible aprender. Y crecerás, será más fuerte y capaz de hacer cosas por ti misma...»

Me gustaría, Gabriela, que mirases hacia esta muñequita. Mira cómo se siente, cuando la mayor le dice lo orgullosa que está de ella, de su fuerza. Cuando le dice que le gusta su alegría y su capacidad de jugar a pesar de todas las cosas... A esa niña le gustaron los cuentos, y por ello, ahora de mayor, le gusta tanto leer. Esa niña tenía mucha imaginación y por eso escribe tan bien ahora. Y es sensible, tiene buenas amigas y le gusta ayudar a la gente. Creo que esta muñeca se siente orgullosa, porque lo que es ahora, lo es gracias a la niña que fue antes. Y no hay motivo para sentir vergüenza o culpa, sino para sentirse fuerte y orgullosa de cómo supo vivir y seguir adelante...

Gabriela posa los brazos sobre la mesa y se desploma, dejando su cabeza oculta entre ellos. Llora, despacio.

—Esa niña tiene la semilla de lo que llegará a ser, aunque no lo sabía. Pero mírala ahora: capaz de contar su secreto, abiertamente. Rodeada de sueños: porque quiere escribir y quizá ser maestra o psicóloga. Está en tu interior ayudar. Está en ella la intención de hacer del dolor algo positivo que sirva a los demás. Y eso dice mucho de cómo es como persona.

Guardo silencio. Y la dejo llorar.

Me pide un pañuelo.

Gabriela nunca llora. Ni siquiera recuerda en qué momento dejó de llorar, como me contó en otra ocasión... Pero ahora se deja ir, muy despacio.

Y, cuando alza la cabeza y se atreve a mirarme sin esconder sus lágrimas, sostengo su mirada en silencio. Soy ese adulto que escucha, acepta y comparte ese momento. El vínculo que compensa parte del vacío de esos otros que han causado heridas.

Pero en Gabriela algo ha hecho clic. Su niña interior se ha expresado y ha sido escuchada y comprendida por esa otra parte más adulta de sí misma.

7. Intervención con adultos

Son muchas las posibilidades y herramientas de intervención que nos ofrece la Psicoterapia. El uso de muñecos y de la Caja de arena son solo algunas de las técnicas que uso. Y siempre en casos muy concretos y como complemento, no como única alternativa dentro del proceso terapéutico. Pero, puesto que el presente manual se centra en el uso de muñecos, he seleccionado algunos ejemplos.

El trabajo de reparentalización con adultos que muestro se enmarca en la Terapia Gestalt, el análisis transaccional y la terapia sistémica familiar. Toma elementos del Análisis Transaccional de Eric Berne (1985), del concepto de Autorreparentalización de Muriel James (1975); de las Constelaciones de Bert Hellinger (1978) y de las técnicas de dramatización de Peter Bourquin, entre otros.

El procedimiento puede resumirse en unas pocas líneas:

Tras un par de sesiones dirigidas a crear rapport con el cliente, sondear posibles fortalezas y recursos de los que partir y centrar objetivos, propongo el uso de muñecos:

-Eligen un muñeco/muñeca.

-Y se acuerdan tareas para realizar con el muñeco, o bien se deja libertad para explorarlo inicialmente sin consignas de partida.

Pero empecemos con el ejemplo más comprometido: el de mi propia experiencia.

Soy la mayor de cinco hermanos. Cuando mi padre se fue yo era adolescente y el más pequeño apenas tenía tres años. Con el abandono, las deudas y embargos se sucedieron como fichas de dominó cayendo una sobre otra. Fueron tiempos de tristeza y hambre, donde mi madre hizo lo que pudo en medio de su propio derrumbe personal.

Con el naufragio familiar, cada cual buscó su orilla. Y quizá esa experiencia nos sirvió para valorar cuanto teníamos: nuestro propio esfuerzo para nadar. Pero ya se sabe que la tabla de un náufrago siempre lleva la huella de la tormenta y la sal en cada poro de la madera, socavando silenciosamente la resistencia que crees tener.

***

Cuando inicié mis intervenciones con peluches, busqué una muñeca para experimentar el proceso y poder profundizar... Aunque sin saber qué buscaba realmente.

Miraba escaparates, jugueterías, buscaba en internet... Soy indecisa y perfeccionista, así que ya contaba con que esa iba a ser una ardua tarea: se trataba no solo de encontrar la muñeca ideal, sino de asegurarme que no hubiese otra mejor por ahí escondida.

Una cosa sí tenía clara: cuando la viese, lo sabría.

Y sucedió. La vi en Internet. Me cautivó. Era especial: pequeña, original, bonita, alegre... Era la muñeca que yo quería. Pero estaba hecha a mano, en otro país y era carísima. Quise olvidarla. Pero no pude. Y recorrí las redes buscando algo similar y cercano, alguna artesana de Amigurumis (como se llama esa técnica, según supe después) que pudiese hacer algo similar a ganchillo. Conocí a Rocío, ¡toda una artista!, y empezamos a hablar de colores, peinados, ojos... Supe que no sería igual, porque Rocío iba a imprimir su propio estilo. Y porque la idea original fue variando a medida que concretábamos los detalles. Esta fue mi primera revelación:

1. **No me valía cualquier muñeca.**

Necesitaba determinados ojos, forma de las cejas, tono de piel... Y lo tenía claro: sin boquita. No me preguntes por qué, pero estaba convencida. Y todas esas decisiones, toda esa exploración suponía ya, de alguna forma, una búsqueda hacia mi interior.

Rocío me sorprendió con la muñeca más bonita que hubiera podido imaginar. Y añadió un corazón y una piruleta. Cada detalle formó parte de la magia.

Esta es mi muñeca Ana.

Pero surgió otro problema...

2. **No sabía qué hacer con la muñeca**

La tomé en mis manos, la miré y exploré, sintiendo que me gustaba. Me gustaba mucho. Hacía siglos que no tenía en mis manos una muñeca... Ahora soy adulta, no tengo edad para jugar... A ratos y a escondidas, cuando no estaba mi marido (porque me daba apuro), la llevaba conmigo al salón, mientras leía o veía la TV. La sentaba en mi mesa de despacho mientras escribía. Y la miraba de reojo, porque no sabía qué hacer con ella.

Visto en la distancia, creo que no sabía qué hacer con mi Niña interior, ni cómo relacionarme con esa parte de mí. No sabía qué buscaba ni qué hacer con esa experiencia.

3. Abandoné la muñeca

Porque la vida es demasiado acelerada como para perder el tiempo en algo tan personal y con metas imprecisas. No quedaba espacio entre mi trabajo de psicóloga y mi afición de escritora, entre familia y amigos... Y, aunque llevaba tiempo aplicando la terapia con muñecos y aún hoy la utilizo en muchas ocasiones con clientes, no parecía dar frutos conmigo. Supongo que eso también me define: la responsabilidad primero y mi plano interior... después.

Pero la dejé en un lugar visible y la cogía de vez en cuando. La acariciaba un poco, la miraba, la sonreía... tratando de averiguar en su mirada de cristal qué guardaba en su interior. Parecía tomar vida. Adquiría personalidad a medida que yo trataba de buscarla en ella. Me parecía que estaba ahí, siempre esperando paciente a que la dedicase un instante. Y, cuando la cogía, podía sentir su cariño. De un modo raro, sí. Pero lo sentía.

4. Empieza la conexión.

Cada vez me inspiraba más ternura. Solo eso. Cada vez me parecía más linda. Y siempre que miraba sus ojos parecía sonreírme.

5. Vínculo y abrazos

En algún momento la abracé contra mi pecho. Y me gustó. Me reconfortó. Y lo repetí. Sentí la necesidad de apretujarla más veces, y de volver a llevarla conmigo en muchos momentos del día. Empezó a ser una especie de compañera silenciosa. Y cuando buscaba el modo de acomodarla, no me valía sentarla junto a mí o sobre mis piernas. Necesitaba situarla mirando hacia delante, como compartiendo las cosas que yo misma hacía. Y en ese punto, tuve que explicarle a mi marido que estaba haciendo un experimento de terapia con muñecos (porque me sorprendió de esa guisa en el salón).

6. Personalización

Me hizo gracia cuando, al llegar del trabajo y dejar mis cosas en el despacho que tengo en casa, sentí la necesidad de saludarla. La cogí, la miré, le di un beso y la abracé. Después bajé las escaleras dando saltitos, como una niña contenta

Desde ese día, la saludaba y me despedía con frecuencia, como si se tratase de una persona a la que no podía dejar en casa sin decir nada. Había dejado de ser una muñeca de ganchillo.

7. Sorpresa

Estaba en una reunión por *Teams,* a través del ordenador y rodeada de gente, impartiendo un taller sobre desregulación emocional en el aula. Y, mientras hablaba mi compañera, paseé la vista por la pantalla, observando a cada participante, hasta llegar a mi propio rostro. De pronto, me quedé clavada y con sensación de extrañamiento, como si nunca hubiese visto mi cara en un espejo. Y recuerdo que sentí ternura. Que me sorprendió mi cara y mi expresión (estaba sonriendo). Pensé «Qué bonita». Estaba mirando mi propia sonrisa, que me pareció muy dulce... no sé. Y volví a pensar «Qué linda», observando la expresión de ese rostro que era el mío. Y esto puede parecer tontería, pero yo nunca me vi bonita, así que fue realmente raro que mi propia imagen me inspirase ternura.

No me lo pude quitar de la cabeza. Y me miré al espejo al llegar a casa. Y me miré a los ojos, creo que como miraba a la muñeca. Y supe que algo estaba sucediendo. Que yo misma me miraba de otro modo... con el mismo cariño y atención que ponía en mi muñeca.

8. La llave de lo oculto

En los días siguientes y, sin venir a cuento ni buscarlo intencionadamente, me llegaban imágenes sueltas de mi infancia. Escenas con mi triciclo y mis dos coletas, momentos de juego en una playa... Y se repetía esa sonrisa siempre, la de mis momentos felices.

Parece que esa primera sonrisa que vi en el ordenador fue una especie de puente hacia otras sonrisas del pasado.

«También he tenido momentos felices» pensé. Y en esos días, me dejé llevar por mi inconsciente, explorando y rescatando todo lo hermoso del pasado. Y lo agradecí. Porque descubrí más momentos de los que creí haber vivido. Supongo que los episodios duros eclipsan esos otros gozosos, para dejarlos en tiempo muerto.

9. Aparecen más y más piezas del puzle

Tuve muchos recuerdos involuntarios. Con frecuencia, tras el trabajo en un cole y ya de camino al coche, me invadía un aroma familiar y una intensa sensación de querer recordar algo... que no lograba recordar. Entonces, renunciaba a coger el coche, guardaba en él mis cosas y paseaba dispuesta a "dejarme llevar". Respiraba hondo y viajaba al pasado, como en un pequeño trance ericksoniano.

Imagino que, como he participado en este tipo de ejercicios, era sencillo entrar en trance mientras caminaba. Y llegaban flashbacks que dolían. Y sentía una honda presión en el pecho, aunque tolerable. Nunca tan dolorosa como para evitar cada recuerdo que, sin embargo, había sido demoledor en mi infancia. Los dejaba llegar y hacerse nítidos con crudeza. A veces sentía ganas de llorar, pero con calma, y disimulaba porque estaba en la calle. Y revivía situaciones que después perdonaba. Porque sentía esa necesidad.

10. Integración

Fueron apareciendo más recuerdos infumables, muchas piezas de mi puzle personal incompleto y destartalado. Fragmentos olvidados, cosas que no encajaban ni lograba ubicar en el tiempo y que comprendí había borrado en mi memoria. Surgieron detalles en los que no había reparado antes: escenas de cómo se debieron sentir mis padres cuando no supieron hacer bien su papel. Vi su malestar y adiviné también en ellos viejas heridas, que no vi de niña cuando solo me invadía el miedo y la certeza de no ser querida. Pero hubo cosas que también hicieron bien y quise rescatarlas, para dar valor a quien te cuida como mejor puede. Y volvía la ternura. Yo miraba su rostro y, de algún modo expresaba que todo estaba bien, que yo estaba bien y que no sentía rencor. Solo pena por el tiempo perdido.

Y perdonaba. Dejaba aflorar el recuerdo, y perdonaba.

¿Fue por la muñeca? Sí. Estoy segura.

Porque la muñeca fue ese objeto resiliente capaz de crear un puente que accediese a lo oculto para dar sentido a las heridas. Para rescatar las partes positivas que también existieron y reintegrar todo en mi historia personal como una piel nueva. Pero, además, toda esa labor de exploración no tuvo lugar hasta haberme reencontrado conmigo misma, después de mirar mi cara y descubrirme de otro modo: con aceptación y cariño.

Supongo que el proceso ocurrió de un modo progresivo, asegurando antes los cimientos, las fortalezas que me permitieran mirar hacia atrás con la seguridad de no caer en ese pozo que yo misma había tapado con esmero.

Y, además, la regresión empezó rescatando recuerdos valiosos, positivos y resilientes. Para poder afrontar después los otros: los que hieren, los que hacen que te hables a ti misma con crudeza, los que te obligan a rechazar abrazos que crees que no mereces... Esos que te dejan como una niña sobre un barco de papel, a la deriva y sin remos para afrontar la vida.

Hice además otro descubrimiento: el significado de una frase que repito con frecuencia: "Yo nunca pierdo nada". Porque trato de mantener todas mis cosas localizadas y en orden, y me agobio si extravío algo. Y, por supuesto, siento un gran alivio cuando al final lo localizo y me reafirmo en "Yo nunca pierdo nada".

Al trabajar con la muñeca me di cuenta: no tenía muñecas de mi infancia. Con los cambios de domicilio y las cosas guardadas con premura en cajas, perdí los juguetes de mi niñez. Una vez, en tiempo de universidad, pasé unos días en casa. Quise buscar mis cosas, los vestigios de mi infancia: una muñeca que adoraba y sus vestidos, una maqueta de aeroplano, mis útiles de dibujo y para grabar linóleo... No había nada. Y recuerdo que me angustié: parecían haber desaparecido episodios de mi infancia.

No había vuelto a reparar en ello. Pero mi muñeca Ana me lo recordó: que tengo un nudo (bueno, muchos) en mi historia personal. Que asocio "las cosas" a los momentos que representan y que, sin ellas, parece que la historia se volatiliza o se fragmenta. Y que quizá por eso me angustia perder cosas. Porque, de algún modo inconsciente, simbolizan perder el control sobre tu propia línea de vida, que se rompe, pierde fragmentos y corre el riesgo de perderse en la memoria.

Cada manía, cada miedo, aunque imperceptibles, tienen arraigado un significado profundo que la mente procura esconder.

¿Por qué cuento todo esto?

Porque, para mí, fue la confirmación más extraordinaria de lo que ocurría en el interior de mis clientes cuando les proponía trabajar su Niño interior a través de los muñecos. Ellos quizá no tengan la capacidad de analizar muchos de los cambios que experimentaron en el proceso, como lo hice yo al desgranar mis anotaciones. Ni siquiera son conscientes de muchos de los cambios...

De hecho, al preguntarles qué tal la semana, suelen decir: "Bien, mejor", y me toca indagar detalles de lo que han hecho, de cómo se han sentido, de si algo les ha llamado la atención, para llegar al fin a comentarios del tipo:

—"Ahora que lo dices, me pasó que..."

—"Pues es curioso lo que me ha ocurrido, me acordé de..."

Y sonrío, porque su inconsciente ha estado operando a sus espaldas, dejándoles creer que todo sigue su rutina. Sin alertar de la labor reparadora de los pequeños cambios que suceden. Y es en la terapia donde podemos traer esos detalles, para encontrar significados y ayudar a integrar las piezas en un nuevo elemento más valioso y fuerte...

Como un objeto de Kintsugi, hecho con delicadeza y confianza, uniendo cada pieza rota con un pegamento que, lejos de ser discreto, se resalta con oro para recordar que el resultado final puede ser más hermoso, cuanto más minuciosa sea la tarea de restauración.

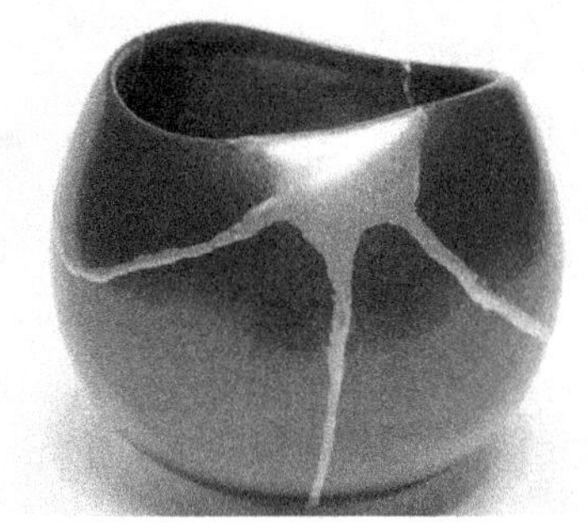

Veamos algunos ejemplos más:

Ángela, 17 años.

Fue adoptada con dos años. Mostraba ansiedad y tristeza, progresivo aislamiento de la familia, incluso de sus amigos (exceptuando una amiga íntima con la que mantiene relación estrecha). Han descubierto cortes en sus brazos y piernas.

Al hablar con ella, dice sentirse "un poco como basura que alguien tira por ahí". Siente necesidad de conocer a sus "verdaderos padres" y no puede quitárselo de la cabeza. Dice que busca por internet, que ha contactado con otros niños adoptados, etc.

Cuando le propongo trabajar con una muñeca, se ríe, pero accede.

Trae dos muñecas incompletas que su madre adoptiva le ayudó a buscar. Me pregunta qué podemos hacer con ellas.

—¿Qué te gustaría hacer?

—Podemos arreglarlas —dice.

—Sí. Es una pena **dejarlas tiradas por ahí** —respondo—. Piensa qué te gusta de cada una. Podemos construir una muñeca chula a partir de ellas.

Cuando se decide, manipulamos con cuidado a las muñecas. Hablamos y recordamos cómo nos acompañaron en la infancia. "Honramos" (como hace Gonzalo Marrodán -2013, 2017, en una de las fases de la Caja de arena) y agradecemos su compañía para, finalmente, integrarlas en una.

—Parece que agradece que la haya rescatado —dijo Ángela, mientras la miraba con cariño.

Reparar la muñeca fue un modo de "rescatar" a alguien que se siente "Tirado por ahí como una basura". Un ritual de cura en que acceder a los recuerdos para darles un significado nuevo.

Trabajamos además para que Ángela escuchase su niña interior: ver hermosa a la muñeca, dar cuidados (lavar, peinar, vestir) son hábitos que entran en conflicto con las autolesiones.

Marina, 42 años.

Procede de República Dominicana, aunque lleva 15 años en España.

El reciente fallecimiento de su madre ha destapado viejos recuerdos de abusos y maltrato sufridos por parte de un tío materno en la infancia.

Lo primero que comentó sobre su muñeca fue: «Tiene la mirada triste.»

Sin duda, se sintió identificada con esa tristeza. La eligió porque "sintonizó" con ella y, desde ahí, es fácil "investirla" con características similares a su yo Niña.

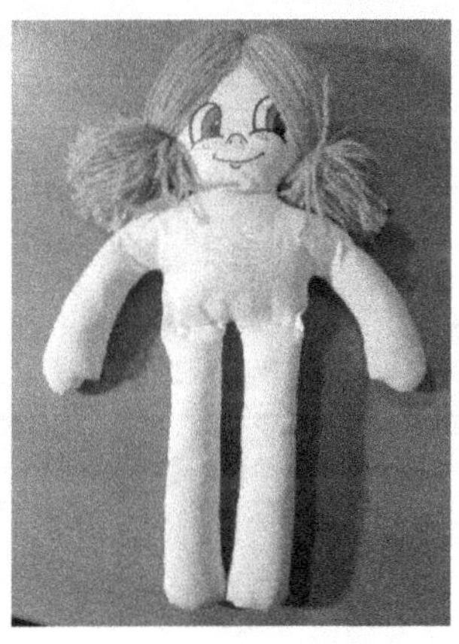

Maria, 36 años.

Separada desde hace cinco años, se siente deprimida, no le apetece salir de casa. Solo ve la TV, dormita y mal come.

A los dos meses de trabajo terapéutico, le propongo trabajar con una muñeca. Cuando al fin la eligió, me dijo:

—No me valía cualquier cosa. No sabía cómo tenía que ser, pero no valía cualquier cosa.

Busqué por internet hasta que decidí hacerla yo misma.

«La muñeca me ha ayudado a ver cómo me sentía, a entender... Ver desde afuera, no sé... Es como si me hablase, como si pusiera palabras a lo que yo no sabía decir ¿Tiene sentido o te parezco loca?»

MI amigo Elton

Isidro tiene 45 años y una nueva familia desde hace tres: Carmen y los dos hijos de ella, de 4 y 5 años.

Se define como "recto" y poco cariñoso. Le cuesta expresar sentimientos, «aunque ellos saben que los quiero». Pero dice que es demasiado estricto con los niños y su propia mujer. Recuerda que su padre era igual: que lo trataba de usted, que nunca le dio un beso, ni le contó cuentos. Piensa que por eso «no sabe cómo hacer de padre»"

Tiene un perro, Elton. Y le propongo una experiencia:

—Elton depende de ti, de tu capacidad para conocer sus necesidades (hambre, paseos, veterinario, etc.). No habla, permanece en silencio junto a ti, pero conectáis... Te invito a que, a partir de hoy, le dediques un tiempo diferente: "tiempo de calidad" vamos a llamarlo. Paseos de media hora, en que observes qué le gusta, qué huele, qué mira. Cuándo se pone nervioso o se entusiasma. Averigua qué lugares le gustan y por qué.

Busca actividades para cuidarlo y acariciarlo: baño, cepillado, limpiarle los ojos. Disfruta en silencio o háblale. Pero estudia su lenguaje corporal. Usa el tuyo para calmarlo, darle confianza, ternura... Trata de conectar con tus manos: dónde le gustan las caricias, cómo te responde. Dime cómo es Elton y qué descubres de vuestra relación.

Con un perro, es más fácil romper las defensas y mostrarse tierno, abrazar, jugar, incluso dejarse caer en la hierba o tumbarse bajo un árbol... Un grado de intimidad que a Isidro le cuesta tener con las personas.

En cierta ocasión, Isidro perdió los nervios y pegó a su perro. automáticamente vio a su padre reflejado en él. Y en los ojos de Elton sintió toda la rabia y tristeza, toda la impotencia de quien tiene que obedecer sin rechistar. Isidro fue capaz de expresar muchas cosas que más tarde compartió con su mujer: su miedo a repetir comportamientos de su padre y su dificultad para mostrarse "tierno".

Un perro también puede ser un animal resiliente, fuente de apego y seguridad.

Cuando un adulto se aventura en su experiencia de "convivencia" con un muñeco, el punto de partida es muy simple:

«Has de elegir un muñeco o muñeca, para que te acompañe en las sesiones de terapia, y para que permanezca a tu lado cuando estés en casa o en cualquier actividad a la que desees incorporarlo.

Tu misión es explorar, conocer, ver qué te aporta y cómo te sientes con él.

Puedes buscar un muñeco de tu infancia, comprar uno o crearlo. El que quieras, el que te guste: vas a pasar con él/ella mucho tiempo.»

Cuando nos presenta al muñeco/a de su elección, pedimos permiso para cogerlo. Invitamos a que nos cuente algo. Probablemente nos hablará de cómo lo ha encontrado, por qué lo eligió con ese color de ojos, pelo, etc. En cualquier caso, son motivos de elección que seguramente no comprende aún. Se habrá dejado llevar por preferencias, intuiciones o "pálpitos". Más tarde, quizá llegue a un "eureka", a un fogonazo de comprensión que le muestre su conexión con alguna parte de sí mismo que aún desconoce. Pero no ahora.

Entonces, yo le hablo a la muñeca (suele ser muñeca), la manipulo con delicadeza, acaricio su rostro, resalto cosas que me gustan: «Parece muy dulce... Me gusta su pelo... Tiene una mirada agradable...». Todas son observaciones positivas pero muy generales.

Y paso a dar orientaciones muy breves.

—Creo que juntas empezaréis una aventura sorprendente —digo— Esta muñeca tiene magia, lo sé. La has elegido porque sentiste algo, seguro. Tenéis una conexión especial y será un gran apoyo en los próximos días.

—¿Qué tengo que hacer con ella? —suelen preguntar.

—Solo conocerla. Conocerla y cuidarla. Déjate llevar.

Estas son las fases que creo resumen el proceso:

1. **Confusión**, indecisión, incomodidad por no saber qué está buscando.

2. **Apertura**

   Elige (compra o busca una muñeca de su infancia) e imprime algunos cambios (ropa, pelo, etc.): la adapta.

   Busca cierta "sintonía", algo indefinido en la apariencia de la muñeca que le atraiga.

3. **Adopción**, desde un rol de cuidador.

   El adulto mira, explora, conoce a la muñeca. La "siente" y empatiza con los rasgos de personalidad que le atribuye.

   A la vez, provee caricias y cuidados. Comienza a sentir afecto.

4. **Identificación**

   Ha "investido" al muñeco con ciertos rasgos, necesidades... Le ha dotado de personalidad. Esto le permite acceder a miedos, necesidades o vacíos de sí mismo, y explorarlos bajo el protagonismo simbólico del muñeco.

   Despliega respuestas nutritivas y protectoras, hacia el muñeco. Hábitos que restauran las funciones de su estado Padre hacia sí mismo. Y Aprende, sin saberlo, hábitos de autocuidado.

5. **Vínculo de seguridad**

   Se ha creado un puente, el "espacio transicional" de Winnicott en el que adquiere valor todo cuanto pasa en él: se accede a lo oculto para traerlo al presente, para repararlo y devolverlo a su lugar. Es el punto en el que transitan necesidades y vacíos y se cruzan con cuidados y mimos. Se compensan y restituyen "heridas" de la infancia y formas de relacionarse con uno mismo que son reflejo de las formas en que fuimos tratados por nuestros propios padres (M. James, 1975)

6. **Empoderamiento**

   El adulto, en su interacción con el muñeco, aprende modos de escuchar, explorar y sentir a su niño interior. Adquiere consciencia de sus miedos, deseos o recuerdos confusos y olvidados. Afronta su vulnerabilidad al ritmo que necesite marcar.

   Y aprende formas de responder como lo haría un padre protector y segurizante: acepta y calma, con sensibilidad y afecto.

7. Integración

El niño interior es reconocido y cuidado. El estado padre adquiere nuevas habilidades, funciones parentales que no fueron cubiertas, para darse a sí mismo.

Y ambos, estado Niño y estado Padre, se integran en un yo Adulto, más maduro y resiliente.

Y ocurre un curioso efecto, observable, además, que nos permite saber cómo avanza el proceso:

1. A medida que el adulto se relaciona con el muñeco, cambia el modo de relacionarse consigo mismo.

2. A medida que mejora en su relación consigo mismo, asistimos a cambios perceptibles en el muñeco: le compra o confecciona ropa nueva, le lava el pelo, pone accesorios, etc.

3. A medida que el adulto adquiere seguridad e integra sobre sí mismo los cuidados que daba al muñeco, este pasa a un segundo plano y queda en algún lugar de la casa, visible y cercano, pero ya no tan esencial.

8. Intervención con familias

8.1. Parentalización positiva, una aventura compartida.

Muchas terapias de intervención con familias parten de una pedagogía muy teórica y estandarizada, o de un adiestramiento correctivo con pautas muy sistematizadas que, en cualquier caso, suponen un abordaje externo y ajeno a la propia experiencia de relación del niño con sus padres. El terapeuta adopta una posición "de experto" que marca errores y prescribe orientaciones a veces difíciles de comprender y llevar a cabo por las familias.

Esto no quiere decir que no sean útiles, aunque sí creo que insuficientes. Porque hay modelos más eficaces que parten de la propia dinámica de la interacción, mostrando fortalezas y debilidades, para después **modelar** la forma idónea de proceder con el niño. Reflexionar juntos sobre el modo en que lo hacen, para explicar cómo mejorarlo y mostrar después un modo mejor de hacerlo, facilita las comprensión e imitación por parte de las familias. Los padres "se ven" a sí mismos en la relación con el niño, y ven después al educador hacerlo del modo en que les aconseja. Si todo esto se hace además en un entorno lúdico, la experiencia fortalece aún más el vínculo padres-hijo.

En este sentido, Powell, Cooper, Hoffman y Marvin desarrollaron un modelo de intervención conocido como Círculo de seguridad (1998) que combina aportaciones de la **terapia familiar**, las **relaciones objetales** y la **teoría del apego** en la línea que venimos desarrollando en este libro. En "La intervención del círculo de seguridad" (Powell, Cooper, Hoffman y Marvin, 2019) defienden:

- Que los niños que desarrollan modelos de apego seguro son más fuertes a la hora de enfrentarse al mundo.

- Que la mayoría de los problemas emocionales y de comportamiento en niños pequeños se pueden relacionar con problemas de apego hacia sus cuidadores principales.

- Que se puede ayudar a las familias a formar apegos seguros con sus hijos y con ello,

- Contribuir para restituir y/o compensar la historia de parentalización inadecuada en familias vulnerables.

Pues veamos qué objetivos pretendemos y cómo te proponemos lograrlos.

Vamos a concretar nuestros objetivos en cuatro:

✓ Sensibilizar y concienciar a las familias sobre las necesidades del niño, las funciones parentales y sobre la repercusión del vínculo del apego para el desarrollo integral del niño.

✓ Cambiar la mirada: transformar dificultades en oportunidades. Empoderar. Promover cambios.

✓ Construir espacios relacionales y lúdicos en el hogar, dotar de herramientas y juegos, para crear nuevas experiencias de interacción.

✓ Capacitación parental: fortalecer, reconstruir y/o compensar la historia de parentalización inadecuada en familias vulnerables.

Para lograr estos objetivos, te invitamos a diseñar la intervención a dos niveles:

1. Taller formativo

Para todas las familias y en grupos reducidos, en los que se trabajen contenidos teóricos fundamentales y se facilite la comunicación y el intercambio de experiencias.

2. Intervención familiar

Con familias vulnerables y de riesgo, que requieran un apoyo específico por las dificultades especiales que presenta el niño y/o por la dinámica familiar empobrecida, alterada o disfuncional.

En estos casos se presenta un programa de intervención más profundo y basado en la Terapia de Juego que organizamos en cinco bloques.

Este sería el esquema de contenidos:

1. Taller formativo:

- Desarrollo del niño y sus necesidades
- Díadas, apego, funciones
- Repercusión para el desarrollo adulto
- Regulación emocional
- Parentalidad positiva y Resiliencia
- Propuestas de trabajo con el terapeuta
- Enlaces, vídeos, cuentos

2. Intervención familiar, bloques de actuación:

- Protección y cuidado
- Estructura, control y límites
- Participación-cooperación
- Experiencias de desafío y éxito
- Reconstruyendo nuestra historia

Para el taller formativo, todos esos contenidos han sido desarrollados en este libro y en el anterior, **"Terapia de Juego y Vínculo. Guía práctica para tutores de resiliencia"**, de manera que será fácil extraer las ideas centrales y diseñar un taller para familias, con un lenguaje sencillo y lleno de ejemplos que facilite su comprensión. No voy a detenerme en ello.

Sí me parece interesante abordar el segundo nivel de intervención, más complejo y específico para familias de riesgo.

Este segundo nivel agrupa actividades diseñadas desde la perspectiva del vínculo y apego, y en torno a funciones parentales clave para la regulación emocional que permiten restituir diferentes aspectos de la relación padres-hijos en un contexto estructurado pero lúdico.

Integran aspectos de la Teoría de apego, de la Terapia de Juego, del modelo de Círculo de Seguridad de Powell, Cooper, Hoffman y Marvin (1998) y del Método de Interacción MIN de Marschak (1960), entre otros.

Te presento un programa organizado en 5 bloques:

8.2. La intervención familiar desde la terapia de Juego.

1. PROTECCIÓN Y CUIDADO

Capacidad para **notar, sintonizar y responder** a las necesidades del niño, adecuándose a preferencias, ritmo, etc. Crear contacto, explorar sentidos. Ser y estar juntos.

Capacidad del niño para **expresar necesidades** (simbólicamente, señalando o hablando), para **aceptar el contacto y cuidado del adulto,** y para **calmarse** y **confiar** en su protección.

- Querer a LUPO, "Mi osito".
- Cuidar a Pelocho
- Jugar a "cocinitas"
- Dar crema
- Peinar
- Dar y recibir masajes
- Experimentar caricias con una pluma
- Darse mutuamente de comer.
- Hacer elogios
- El cofre del tesoro
- Con adolescentes: arreglar algo del hijo

2. CONTROL Y LÍMITES
(estructura)

Explora y fomenta la capacidad de los padres para **segurizar** el entorno (orden, estructura, predictibilidad), y para **dirigir actividades**: planificar, proponer reglas y objetivos, motivar y guiar hacia el logro.

Explora y desarrolla la capacidad del niño para **adaptarse** al juego: respetando los límites y el **control del** adulto, participando con curiosidad y disfrute.

ACTIVIDADES de IMITACIÓN:

- Padres hacen un dibujo y piden al niño que lo copie
- Hacen una torre y piden que la haga igual (cada uno con sus propias piezas)
- Construir un barco, un castillo, etc. con bloques
- Creación con imanes
- Reproducir un modelo de plastilina
- Juegos con abalorios o cuentas de madera
- Con adolescentes: maquetas, Scalextric, juegos de mesa

Terapia de
juego

4. EXPERIENCIAS DE DESAFÍO y ÉXITO

Capacidad de los adultos para **estimular el desarrollo del niño**: exigencia adecuada, objetivos alcanzables, pistas, centrar sobre el proceso (no los resultados), compartir logros. **Valorar y hacer avanzar** al niño hacia las metas fomentando: el optimismo, autoconfianza, esfuerzo, tolerar la incertidumbre, perseverar, disfrutar la tensión, afrontar los retos como estímulo y los errores como oportunidades de aprendizaje.

- Encestar, puntería: Guiar con los ojos cerrados para que encesten tizas en una caja en el suelo
- Cocinar juntos, pequeñas responsabilidades al niño
- Soplar una pelota de ping pon por un circuito
- Chapa-circuito
- Inventar una historia partiendo de algún objeto
- Pedirle al niño que proponga retos

3. PARTICIPACIÓN-COOPERACIÓN

Habilidad para proponer **actividades ajustadas** a capacidad e intereses del niño, **lograr su participación activa** y **cooperación**. **Sensibilidad a estados emocionales del niño** (inquietud, curiosidad, entusiasmo, frustración, enfado, etc.) y gestión emocional adecuada para que la actividad resulte agradable.

Capacidad del niño para involucrarse, aceptar guías, cambiar roles (sin dominar) y respetar turnos. Tolerar la tensión, inhibir la competitividad, saber perder, etc.

- Dibujo cooperativo
- Construcción cooperativa
- Modelado conjunto
- Juegos de equilibrio de cartas
- Construcciones y escenas con clicks. Jugar juntos
- Taller de cuentos,
- Juegos de palmas
- Lucha de pulgares
- Juegos de cooperación: soplar una pluma sobre un cojín y pasarla al siguiente
- Mover una pelota sobre una tela que todos sostienen sin que caiga al suelo, o haciéndola caer sobre una canasta
- Pompas de jabón que uno hace y los otros dos estallan
- Guiar con los ojos cerrados por la sala
- Con adolescentes: carpintería, maquetas, pintar la casa, etc.

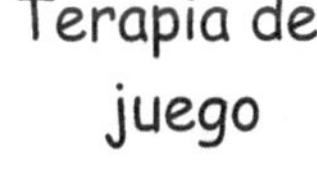

Terapia de juego

5. RECONSTRUYENDO NUESTRA HISTORIA

Buscar **elementos resilientes**. Centrar sobre episodios familiares agradables, con el niño como protagonista. Resaltar la importancia de sus avances, y cómo los hemos celebrado en familia.

Permitir al niño **experimentar** lo que para nosotros ha significado cada uno de sus pequeños avances

- Escenificar con clicks recuerdos agradables de la infancia. Contarlo mientras miramos la escena.
    - El nacimiento
    - Las primeras palabras
    - El primer día en triciclo, en la playa,
    - Cuando aprendió a comer solo
- Reconstruir momentos de nuestra historia con fotografías y recuerdos
- Cuaderno de vida
    - Fotografías, dibujos y texto

Vamos a trabajar proponiendo actividades que la familia realizará con el niño, primero de manera libre. Ello permitirá explorar la relación y ver cómo llevan a cabo las tareas que la actividad plantea. Reflexionaremos juntos sobre cómo responde el niño y sobre cómo afrontan y resuelven los padres las situaciones, cómo ayudan o no al niño a reconocer y aceptar reglas, afrontar retos y frustraciones, etc.

Después, les explicaremos qué pueden trabajar a través de ese juego y cómo deben hacerlo para que resulte beneficioso. En esta segunda parte, mostraremos cómo hacerlo: el educador juega con el niño y modela. Los padres observan y después imitan el procedimiento, con el educador al lado.

Hemos separado cinco bloques principales en los que, a través del juego, la familia adquiere determinadas habilidades parentales y responde a necesidades concretas de su hijo.

Citamos varias actividades/juegos que pueden servir de referencia y ejemplifico algunos. La idea es progresar a través de los cinco bloques de actividad.

1. PROTECCIÓN Y CUIDADO

Con estos juegos, se alienta la capacidad parental para percibir y responder a las necesidades del niño, adecuándose a sus preferencias, ritmo, etc. Ayudan a crear contacto y sintonizar con su hijo. Se centran en el "ser y estar juntos", en el "aquí y ahora". Y en explorar los sentidos, el juego y la relación.

Nos permiten ver cómo responde el niño a esa interacción y, una vez que los padres la realizan según las indicaciones, serán los propios padres quienes favorecerán la capacidad del niño para expresar necesidades (simbólicamente, señalando o mediante lenguaje), para aceptar el contacto, para calmarse y confiar en la protección del adulto:

- Querer a Lupo, "Mi dulce osito".
- Cuidar a Pelocho: bañar, secar, dar de comer, mecer, calmar, curar heridas, darle cremita, poner colonia, etc.
- Curar al peluche: si hemos trabajado en terapia con un peluche, podemos proponer que más tarde realice esto mismo su mamá/papá.
- Dar crema: el papá/mamá al niño, el niño a la mamá/papá, etc.
- Peinar: el niño peina a su madre/padre y viceversa.
- Dar y recibir masajes con aceites aromáticos
- Experimentar caricias/cosquillas con una pluma
- Hacer elogios: se cuentan cosas que nos gustan del otro

- Darse mutuamente de comer. Acercar el oído al estómago o cara del que come, para sentir sus ruidos y vibraciones.
- Con adolescentes: participar en la reparación de algún objeto valioso para su hijo.

Bruno, 13 años, y su mamá Sara: "No somos de abrazos":

Ya conocemos a Bruno. Vive en alerta constante, con miedo a que alguien les ataque. Han vivido los malos tratos paternos y Sara, a su vez, procede de una familia conflictiva con la que apenas mantiene contacto. Ambos, madre y niño, por separado, me dijeron lo mismo: "No somos de abrazos". Pero Bruno necesita "sentir" a su madre desde su rol de niño y sentirse protegido (es él quien intenta proteger a su madre). Trabajo con Sara aparte:

—Hoy he traído a un compañero, Sara —señalo el oso—: me va a ayudar a mostrarte lo agradable que es dar y recibir un abrazo.

Sara se ríe y empieza a hablar sin aliento (habla muchísimo y acelerada). Yo sitúo a Lupo frente a mí, lo miro e inicio el ritual:

—Con Bruno hice esto, mira: "Te quiero, ¿me quieres?", me quedo mirando un ratito hasta que veo en sus ojitos la respuesta: Que sí, que me quiere mucho, que me quiere "a mares". Entonces sonrío y lo abrazo con fuerza sintiendo su tacto suave y cálido. Es agradable, reconfortante... ¡Genial! ¿Quieres probar?

Cuando Sara logra al fin hacerlo, que rehúsa varias veces, abraza y se queda perdida en algún lugar de su memoria, y llora.

—Tú también necesitas abrazos, Sara. Necesitas sentir la piel y el corazón de alguien que te quiera muchísimo. Y me gustaría que, cuando te sientas con ganas o él te lo pida, se lo des a Bruno. Si no tuviste abrazos de pequeña, no te prives de ellos ahora. Lo mereces Sara, estás llena de amor hacia tus hijos, eres fuerte y luchadora, y mereces un abrazo... Muchos abrazos... Me gustaría darte uno yo misma, ¿me dejas?

Por supuesto, nos abrazamos, y sentí que recibía de mí toda la aceptación, apoyo y fuerza que cada día trataba de trasmitirle con palabras.

Unai y el muñeco Lucas

Recordemos a Unai (9 años 7 meses). Su mamá permanece mucho tiempo en cama (aquejada de una enfermedad mental). Apenas le atiende ni juega con él. En cierto momento, Unai expresó «Mi madre no me quiere».

He estado trabajando con Unai para que reinterpretase el poco tiempo que le dedicaba su mamá no como falta de cariño hacia él, sino porque estaba malita. Pero necesitaba completar la intervención con la posibilidad de mejorar la relación madre-niño, aumentando el "tiempo de calidad" entre ambos y el tipo de actividades que podían compartir para resultar sanadoras.

Hemos logrado implicar en la intervención a ambos padres y dedicar varias sesiones a instaurar más tiempo de juego madre-hijo, así como reforzar los hábitos de cuidado hacia el niño, para que Unai sienta el cariño y atención de la madre hacia él.

Unai puso de nombre Lucas a mi muñeco "Pelocho".

Inicialmente, la relación madre-hijo en torno al muñeco era torpe y distante. El niño le decía cosas desagradables a la mamá y ella me miraba buscando "pistas". No sabía qué hacer, no sabía cómo cuidar del muñeco ni cómo responder a los retos y burlas del niño.

Invité a la mamá a recordar cuando jugaba de niña y sabía qué hacer con el muñeco:

—Lo hablabas, lo mecías. Fingías que tenía frío o hambre, lo cambiabas de ropita, lo acostabas... ¿Recuerdas? Y era muy agradable sentir que cuidabas de tu muñeco.

Necesitaba recuperar sus recursos maternales, confiar en su capacidad y unirla a la sensación de disfrute, para después compartirla con el niño.

—Podemos enseñar a Unai cómo se cuida al muñeco —dije—. ¿Qué te parece?

Con este tipo de actividades, la madre cuida al muñeco y el niño "siente" esos mimos. Ambos se alternan en el cuidado del muñeco, colaboran, comparten, se comunican y juegan. Se ríen, disfrutan. Crean un espacio de juego en base a hábitos de cuidado. No hay rivalidad (que a Unai le activa demasiado). Es una actividad relajada y centrada en los sentidos.

2. ESTRUCTURA, CONTROL Y LÍMITES

Necesitamos mostrar a los padres cómo dotar de estructura y normas a las actividades cotidianas. Así que aprovechamos nuevamente la Terapia de Juego para proponer actividades lúdicas.

Como siempre, primero observamos cómo lo hacen, para mostrar cómo repercute en el niño y cómo reacciona este a su modo particular de plantear las reglas del juego. Después mostramos el modo ideal de realizarlo, de manera que favorezca el desarrollo del niño.

Este bloque explora y fomenta la capacidad de los padres para segurizar el entorno (estructura, predictibilidad, seguridad), para poner normas y límites y para dirigir las actividades del niño o las actividades conjuntas: planificar, proponer objetivos, motivar, establecer reglas y guiar hacia la meta.

Explora y desarrolla la capacidad del niño para asumir esa estructura y dirección: aceptando límites y control por parte de los adultos, participando con curiosidad y disfrute.

Lo hacemos proponiendo a los padres que hagan algo que después le piden al niño imitar. Y vemos cómo le guían, corrigen o alientan. Y cómo reacciona el niño siguiendo las indicaciones: enfadándose o aceptando la guía del adulto.

Para ello, son ideales las actividades de imitación:

- Los padres hacen un dibujo y piden al niño que lo copie
- Hacen una torre y piden que la haga igual (cada uno con sus propias piezas)
- Construir un castillo, un barco, etc. con bloques y el niño lo repite
- Creaciones con imanes
- Reproducir un modelo de plastilina
- Juegos con abalorios o cuentas de madera
- Con adolescentes: Scalextric, Maquetas, juegos de mesa, de ordenador, etc.

Carlos (6 y ½ años) y su mamá **Rebeca** eligieron pintar con plastilina uno de los modelos que llevé. A Carlos le gustan las motos y eligió un dibujo con ese motivo.

Inicialmente, Rebeca interrumpía constantemente al niño, le decía que lo hacía mal y usaba un tono de voz elevado, hasta que Carlos se enfadó y rompió la hoja.

Tuve que mostrarle a Rebeca cómo dar instrucciones de manera positiva, olvidando los errores del niño, centrándose en lo que hacía bien y en lo bonito que estaba quedando.

Cuando logró hacerlo de este modo, ambos pudieron disfrutar de la actividad, sin importar que el resultado de la obra de Carlos fuese muy parecido o no al de su madre.

Pero ¿qué pasa cuando un papá plantea un reto demasiado difícil a su hijo?

Por muchas instrucciones que le dé para que lo imite, provocaremos desaliento desde el inicio. Y, seguramente, no lograremos el resultado deseado.

Izquierda: modelo realizado por el papá de Unai. A la derecha, el

intento infructuoso de Unai de imitar el modelo.

Además, el papá había utilizado casi todas las piezas moradas. No había posibilidad de hacer la misma construcción.

Para un niño impulsivo, nervioso, con baja autoestima, etc. provocaremos que abandone la actividad.

3. PARTICIPACIÓN-COOPERACIÓN (implicación)

Exploramos con la familia su habilidad para lograr la participación del niño en una actividad conjunta, proponiendo juegos ajustados a su capacidad e intereses. Mejoramos su sensibilidad hacia los estados emocionales del niño (curiosidad, entusiasmo, enfado, frustración, inquietud, etc.) para poder contenerlos y ayudarle en su gestión, y hacer de la actividad conjunta una experiencia agradable.

Mostramos cómo favorecer la capacidad del niño para involucrarse, aceptar guías, cambiar roles y respetar turnos, conteniendo su necesidad de dominar o de imponer sus deseos. Damos pistas para que le ayuden a tolerar la tensión, inhibir la competitividad, aprender a perder, etc.

Algunos de los juegos son:

- Guiar con los ojos cerrados para que encesten tizas en una caja en el suelo
- Dibujo cooperativo
- Construcción cooperativa
- Modelado conjunto
- Juegos de equilibrio de cartas
- Construcciones y escenas con clicks. Jugar juntos
- Taller de cuentos: leer e inventar
- Juegos de palmas
- Lucha de pulgares
- Soplar una pluma sobre un cojín y pasarla al siguiente
- Mover una pelota sobre una tela que todos sostienen, sin que caiga al suelo, para encestar sobre un cubo o canasta
- Pompas de jabón que uno hace y los otros dos estallan
- Guiar con los ojos cerrados por la sala
- Con adolescentes: artesanía, carpintería, maquetas, etc.

Carmen, 10 años. Su padre le propone construir un castillo, partiendo de los intereses de su hija (le encanta Harry Potter). Ya he trabajado con la familia para concienciar sobre el mejor modo de involucrar a la niña y guiarla.

—Traigo estas piezas —dice Manuel—: vamos a hacer el castillo de Hogwarts.

Manuel espera. Ella revuelve las piezas y mira algunas con atención.

El padre la ayuda en la exploración sin precipitarse a construir:

—Tenemos puertas levadizas, ventanas, tejados para los torreones, aunque no sé cuántos necesitaremos…

—Por lo menos cuatro —dice Carmen.

—Podemos hacer un castillo enorme ¿qué te parece?

—¡Vale!

—¿Por dónde empezamos? ¿Pensamos de qué tamaño lo hacemos y después, por ejemplo, dónde queremos hacer la entrada?

—Sí, mira: de grande como esta mesa —responde Carmen entusiasmada. Quiere ocupar toda la superficie de la mesa.

—¡Vale! Va a ser muy grande —dice su padre.

—Sí. Tiene que serlo. ¡Es una escuela de magia!

Manuel ha logrado interesarla en el proyecto. La ha dejado su tiempo para explorar y para sentir que podían diseñarlo juntos. La ha invitado a participar sin imponer una propuesta cerrada. Y la niña, rápidamente ha entrado a decidir de forma conjunta. Manuel la "acompañará" proponiendo ideas, piezas. En algún momento intentará deshacer algo, explicando otra idea mejor, y verá cómo lo acepta Carmen. También deberá asumir que ella quiera rectificarle a él, aunque el resultado sea peor a ojos de su padre… Porque se trata de construir juntos, de compartir, ¡no de hacer el castillo perfecto!

4. EXPERIENCIAS DE DESAFÍO Y ÉXITO

Capacidad de los adultos para estimular el desarrollo del niño: exigencia adecuada a su nivel y recursos, objetivos alcanzables, pistas, centrar sobre el proceso (no sobre los resultados), compartir logros. Valorar y hacer avanzar al niño en su capacidad de afrontar nuevos retos: aceptar la incertidumbre y el reto como estímulo, disfrutar la tensión, aceptar errores y derrotas en juegos competitivos.

- Cocinar juntos, responsabilizando al niño de pequeños encargos
- Soplar una pelota de ping pon por un circuito
- Chapas y circuito
- Encestar, puntería
- Inventar una historia partiendo de algún objeto
- Pedirle al niño que proponga retos

Trabajé con los padres de Nico (6 años). A ambos les expliqué la actividad:

—Os cubriré los ojos primero a ti, Román, mientras Marina observa callada. Después a Marina, y Román observará en silencio.

1. Román.

Cubrí los ojos de Román y dije:

—Vas a intentar encestar estas bolitas de papel en una caja que he puesto en el suelo, a unos metros de ti. Tienes 8 oportunidades. Piensa bien qué vas a hacer porque es muy difícil. Aunque no sé si lograrás encestar alguna. En fin… Román tira la primera bolita.

—Fatal. Demasiado lejos —le digo y resoplo con ruido—.

Tira la 2ª.

—Ni te acercas, madre mía, ¡qué mal!

La 3º

—¡PEOR! Cada vez más lejos.

Tira la 4ª

—Bueno: un acierto, pero de churro. Solo te quedan cuatro oportunidades. Y poco vamos a hacer.

5ª, 6ª, 7ª...

—¡No das ni una! Da igual lo que te diga: esto no es lo tuyo...

2. Marina.

—Bien. Tienes 8 bolitas, ya sabes. No importa cuántas logres encestar, será divertido, ya verás. Cuando quieras...

Tira la primera.

—¡Genial! Te has acercado mucho. Apunta más a tu izquierda.

La 2ª

—Bien, ha faltado poquito. ¡Pero qué buena eres! Esta vez, tira un poco más lejos.

La 3º

—Estupendo. Apunta un poco a la derecha.

La 4ª

—Ahhhh. ¡Por qué poco! Las estás dejando todas muy cerca. Lo estamos pasando genial ¿A que sí?

La 5ª

—Biennn: has hecho canasta. Canasta. Ya sabía yo que podías. A ver la siguiente...

Cuando terminamos, cada uno expresa cómo se ha sentido y por qué cree que se ha sentido así.

Para guiar y alentar a un niño para que logre un objetivo, para que mejore o simplemente mantenga el interés y el disfrute, las dos formas de proceder son muy diferentes. Una, resalta los errores, provoca ansiedad y desmoraliza. La otra ilusiona, da esperanza, motiva y hace disfrutar. Independientemente de los resultados, valora el esfuerzo.

Sobre esta reflexión, analizamos cómo guiaron al niño en alguna actividad que les propusimos anteriormente o cualquier otro ejemplo que quieran poner de su actividad cotidiana.

5. RECONSTRUYENDO NUESTRA HISTORIA

Queremos buscar elementos resilientes. Centrar sobre episodios de la historia familiar agradables, con el niño como protagonista. Resaltar la importancia de sus avances y cómo los hemos celebrado en familia. Y con ello, permitir al niño experimentar lo que para nosotros ha significado cada uno de sus pequeños avances, mostrando nuestras emociones al revivir cada momento de la historia común.

- Escenificar con clicks algún recuerdo agradable de la infancia y contarlo mientras miramos la escena:

  El nacimiento
  Su primer cumpleaños
  Las primeras palabras
  Cuando aprendió a comer solo
  El primer día en bici, el primer partido, etc.

- Libro de vida

  Elaborar un cuaderno/libro en el que todos buscarán fotografías, hablarán de ellas, las seleccionarán y colocarán en el lugar que elijan. Podrán añadir dibujos, recortes y texto. Lo que deseen para hacerlo más atractivo.

Ángela, 17 años. Hemos hablado de ella en la pág. 138.

Está en una etapa difícil. Quiere encontrar a sus padres biológicos y preguntarles **por qué la abandonaron.** Siente que no vale nada, que es «Algo que ellos tiraron a la basura y sin remordimientos», como expresó en una sesión. Necesita respuestas, aunque probablemente no alivien la profunda sensación de abandono y rechazo que siente.

La adoptaron con 2 años. Estaba desnutrida y con problemas de salud. Pero a sus padres no les importó: era la hija que soñaban.

Ángela es muy querida y valiosa, pero ahora es incapaz de verlo. Y los padres se sienten inseguros: temen perderla de algún modo, mientras rebusca en su infancia, como si no valorase nada de lo que han vivido juntos.

Invito a los padres a que elijan figuritas y representen algún momento que recuerden con especial emoción o cariño. Y juntos colocan cada pieza.

Ángela permanece callada mucho rato. Su mirada parece clavada en la mesa. Los padres están emocionados y no pueden retener las lágrimas. Hago una señal para que permanezcan en silencio. Y Ángela se decide a hablar:

—Lo sé. Sé que me queréis. Siempre seréis mis padres. Pero no entiendo... No sé por qué ellos me dejaron... No sé por qué no les importo... Necesito, quiero conocerlos. Quiero que me expliquen, para que yo pueda... No sé qué quiero... Pero no puedo entender...

En ese punto intervengo:

—Es doloroso pensar que nos abandonaron, que significamos muy poco para ellos. Sentimos que no valemos nada y, a veces, buscamos una explicación que nos alivie: que eran jóvenes, que no tenían para darme de comer y pensaron que era lo mejor (Hablo como si lo hiciese por boca de Ángela). Necesitamos creer que no nos han olvidado, que han intentado buscarnos... Porque así nos sentiríamos queridos.

Ángela asiente.

—Tus padres adoptivos—continúo hablando— tienen miedo de que dejes de quererlos si encuentras a tu otra familia. Te ven triste y no saben cómo ayudarte. Están desesperados.

A veces pasa, que buscamos una respuesta mágica que nos ayude a entender y que borre todo el dolor, pero quizá no exista. Imagina que los encuentras: puede que tus padres sean muy pobres, y querrás ayudarles o te sentirás culpable por la vida tan distinta que tienes. Quizá solo encuentres a uno... Hay muchas posibilidades que te abrirán nuevas heridas. En realidad, estás buscando el modo de sentir que vales, que a pesar de lo ocurrido -el abandono- eres una gran persona, una persona valiosa...

Señalo los muñecos:

—A esta pareja nunca le importó que no fueses su hija biológica. No llegaste a su vida por error o casualidad: te buscaron. Siempre quisieron ser padres. Pasaron años de esperanzas y lágrimas. Viajaron, te conocieron, y lo tuvieron claro: te querían a ti, a ninguna otra.

No creo que muchos niños puedan decir lo mismo.

—Ya... —responde Ángela—, visto así...

—Es que es así: eres nuestra hija —dijo la madre—. Eres más que todo eso. Eres lo mejor de nuestra vida...

—Pero necesitamos que hables, que nos cuentes. Necesitamos ayudarte, Ángela, no nos apartes —añadió el padre.

Después de esto iniciaron una pequeña aventura: crear un álbum de vida a partir de uno antiguo: el que iniciaron cuando la adoptaron.

Hemos visto, con ejemplos, algunas propuestas. Pero debo insistir en que el objetivo principal es crear un nuevo espacio de relación ofreciendo ideas para compartir y jugar juntos. Estar juntos es lo esencial. Y recuperar un tiempo de calidad en familia, nuestra meta.

Además, ayudaremos a desplegar recursos parentales, a poner sobre el espacio de relación algunas funciones reconducidas de modo más competente. El niño tiene oportunidad de "sentir" a sus padres de un modo distinto. Y juntos, reconstruyen sus lazos de unión.

Pero ¿qué pasa si los cuidadores no saben o no pueden hacer bien su labor?

Aunque la mayoría de los cuidadores tiene el deseo casi universal de hacer su papel del mejor modo posible, la forma real en que interactúan se basa en creencias y estrategias que desarrollaron desde su propia experiencia como hijos. Muchos padres han vivido en su infancia experiencias personales de tensión o amenaza, y se ven posteriormente impulsados, como padres, a actuar con sistemas defensivos inadecuados.

¿Por qué nos vemos, de pronto, reaccionando a las conductas de un hijo con formas de afrontamiento que vivimos con dolor en nuestra propia piel? ¿Por qué reincidimos en hábitos parentales que juramos no repetir?

La idea de **transmisión intergeneracional del apego** explica este aspecto. El legado de relaciones íntimas y privilegiadas de los primeros años se acumula para configurar "patrones" que repetimos posteriormente, y que son difíciles de inhibir.

Powell, Cooper, Hoffman y Marvin (1998) ponen como ejemplo el poder de la superstición. Aunque no seamos supersticiosos, aunque no creamos en el poder del espejo roto o en la maldición de pasar por debajo de una escalera, cuando nos vemos en esa situación nuestro cuerpo puede responder poniéndose alerta. No podemos evitar cierta aprehensión supersticiosa... Y rodeamos la escalera, ¡por si acaso!

Cuando los adultos intentan ignorar las estrategias de apego protectoras de su infancia, reciben una advertencia emocional sutil para no salirse de esa línea de relación aprendida. Sienten cierta desazón que les impele a seguir la pauta.

Pitillas Salvá (2021) habla de **círculos viciosos de la inseguridad y el trauma**: «Criar a un niño es una tarea en la que se reactiva la historia de cuidados del adulto. Para los padres y madres que provienen de entornos negligentes, agresivos, excesivamente exigentes o descuidados, las heridas emocionales del pasado pueden interferir poderosamente con sus capacidades actuales para criar con seguridad.»

Y para ponernos en situaciones extremas, tengo que hablar de la **transmisión intergeneracional del maltrato**. Porque sabemos que algunos padres tienden a reaccionar de un modo terrible a ciertas conductas de sus hijos que "les disparan", pierden el control y "se ciegan", aunque lo lamenten después (Kempe y Kempe, 1998). Y que pueden a su vez, haber sido víctimas de maltrato en su infancia. Aunque este dato no justifica su conducta, conviene saber de la necesidad de supervisar cuando ciertos factores de riesgo lo aconsejan.

Hay que decir también que no todos los niños maltratados son después padres maltratadores. Sabemos, por el concepto de resiliencia y gracias a muchos investigadores (Cyrulnik, B., 2001; Barudy, J. y Dantagnán, M., 2005, entre otros) que "una infancia infeliz no determina la vida".

Es posible fortalecer y reconducir las huellas de un pasado desafortunado para escribir caminos más gratos.

Reflexionar con los padres sobre los motivos "antiguos" que nos dificultan el cambio, abre las puertas al cambio.

Te puse el ejemplo de Sara en la pág. 151, a quien mostré por qué nos cuesta, a veces, abrazar a un hijo justificando que "No somos de abrazos".

Pero no basta con explicar. Hay que "entender con las tripas".

Hay que traer desde la memoria antigua el motivo poderoso que nos asegura que «No necesito decir "te quiero" a un hijo porque él ya lo sabe», para que un padre entienda su resistencia y responda a la necesidad de su hijo de escuchar **Te quiero**.

Tiene que experimentar un "Te quiero" profundo y desarmarse, para comprender, al fin, que dar la espalda a los sentimientos no es fortaleza, sino debilidad. Que es defensa irracional y primaria a una necesidad de su niño interior que nunca fue cubierta.

Y este puede ser otro punto de partida esencial:

Curar a padres dañados para reactivar
su capacidad de criar a sus hijos con seguridad

Y nada más...

Te invito a que elijas un muñeco. Un compañero especial para iniciar un viaje al interior de ti mismo.

Un viaje en el que despertar tu Niño interior, para mirarte con otros ojos, para aprender a amarte como mereces.

Bibliografía

Ainsworth, M. Blehar, M., Waters, E. y Wall, S. (1978) *Patterns of attachment*. Hillsdale, N.J: Erlbaum

Ammann. R. (1991) *Healing and transformation in sandplay*. LaSalle, IL: Open Court

Ampudia, M. (2010). *Con la mejor intención. Cuentos para comprender lo que sienten los niños*. Barcelona: Herder.

Asher, S. R. y Hymel, S. (1981). Children´s social competence in peer relations: Sociometric and behavioral assessment. En J. D. Wine y M. D. Smye (Eds.*), Social competence* (pp. 125-157). New York: Guilford.

Asher, S. R. y Renshaw, P. D. (1981). Children without friens: Social knowledge and social-skil training. En S. R. Asher y J. M. Gottmen (Eds.). *The develpment of children´s friendship* (pp. 273-296). New York: Cambridge University Press.

Axline, V. (1969). *Play therapy*. NY: Ballantine Books

Barudy, J. y Dantagnan, M. (**2005**, 2010) *Los buenos tratos a la infancia. Parentalidad, apego y resiliencia*. Barcelona: Gedisa

Barudy, J. y Dantagnan, M. (2009) *Los desafíos invisibles de ser madre y padre. Manual para para la evaluación de las competencias y la resiliencia parental*. Barcelona: Gedisa

Barudy, J. y Dantagnan, M. (2011,**2012**) *La fiesta mágica y realista de la resiliencia infantil*. Barcelona: Gedisa.

Bateman, A. y Fonagy, P. (2016). *Tratamiento basado en la mentalización para los trastornos de personalidad. Una guía práctica*. Bilbao: DDB.

Baumrind, D. (1966). Effects of Authoritative Parental Control on Child Behavior. *Child Development, 37*(4), 887-907.

Beck, S., y Forehand, R. (1984). Social skills training for children: A methodological and clinical review of behavior modification studies. *Behavioural Psychoterapy, 12*, 17-45.

Benito Moraga, R. (2020) *La regulación emocional: Bases neurobiológicas y desarrollo en la infancia y adolescencia*. El Hilo ediciones.

Berne, Eric(1985). **Análisis Transaccional en Psicoterapia**. Buenos Aires: Editorial Psique.

Berne, Eric (2007). *Juegos en que participamos*. Barcelona: RBA Libros, S.A.

Berne, E (2010) *La intuición y el Análisis Transaccional*. Sevilla, Jeder.

Bolea, E. y Gallardo, A. (2012) *Alumnado con dificultades de regulación del comportamiento. Vol I Primaria*. Barcelona: Grao

Bolea, E. y Gallardo, A. (2012) *Alumnado con dificultades de regulación del comportamiento. Vol II Secundaria*. Barcelona: Grao

Bowlby, J. (1969). *Vínculos afectivos*. Madrid, España: Morata.

Bowlby, J. (1985) *El apego. El apego y la pérdida 1*. Barcelona: Paidós.

Bowlby, J. (1993) *La separación. El apego y la pérdida 2*. Barcelona: Paidós

Bowlby, J. (1983) *La pérdida. El apego y la pérdida 3*. Barcelona: Paidós

Bowlby, J. (1989) *Una base segura. Aplicaciones clínicas de la teoría del apego*. Barcelona: Paidós Ibérica.

Bradway, K y McCoard, B. (2003). *Sandplay. Silent workshop of the psique*. NY: Routledge.

Carr, E. G. (1994) *Intervención comunicativa sobre los problemas de comportamiento*. Madrid: Alianza Editorial

Cartledge, G. y Milburn, J. F. (1983). *Teaching social skills to children*. Nueva York: Pergamon.

Paul-Cavallier, 2013. *La hipnosis según Erickson*. Madrid: Gaia

Coderch, J. (1975). *Psiquiatria Dinámica*. Barcelona, España: Herder.

Cornejo, L. (2008) *Manual de terapia infantil gestáltica*. Bilbao: DDB

Cortés Viniegra, C. (2918) *Mírame, siénteme. Estrategias para la reparación del apego en niños mediante EMDR*. Bilbao: DDC

Cyrulnik, B. (1989) *Sous le signe du lien*. Paris: Hachette

Cyrulnik, B. (2003) *El murmullo de los fantasmas. Volver a la vida después de un trauma*. Barcelona: Gedisa.

Cyrulnik, B. (2001, 2003) *Los patitos Feos. La resiliencia: una infancia feliz no determina la vida*. Barcelona: Gedisa.

Cyrulnik, B. (2008) *Bajo el signo del vínculo*. Barcelona: Gedisa.

Cyrulnik, B. (2010) *El amor que nos cura*. Barcelona: Gedisa.

Cyrulnik, B. (2015) *Las almas heridas*. Barcelona: Gedisa

Damasio, R. (2018). *El error de Descartes La emoción, la razón y el cerebro humano*. Barcelona: Booket.

Faber, E. y Mazlish, E. (2013) *Cómo hablar para que sus hijos le escuchen y cómo escuchar para que sus hijos le hablen (niños y adolescentes)*. Barcelona: Médici.

Fairbairn, W. R. (1978) *Estudio psicoanalítico de la personalidad*. Buenos Aires: Hormé.

Fonagy, P. (2004). *Teoría del apego y psicoanálisis*. Barcelona: Espax.

Forés, A. y Gravé, J. (2008) *La resiliencia. Crecer desde la adversidad*. Barcelona: Plataforma.

Fraser, D. (2014). Therapeutic application of the Marshack Interaction Method (MIM) : an interpretative phenomenological analysis of parents experiences and reflections (Tesis doctoral. Universidad de Glasgow, Reino Unido). Recuperada de http://theses.gla.ac.uk/5635/

Gadea Vidal, A. (2018) *Técnica de reparentalización con muñecos. Juanita y el despertar del Niño* resiliente que todos llevamos dentro. Bilbao: DDB

Gaiman, N. (2012) *Coraline*, NY: Harper Collins

Garbarino, J. Dubrow, N., Kostelny, K. y Pardo, C. (1992). *Children in danger: coping with consequences of community violence*. S. Francisco: Josey-Ban Inc. Publishers.

Geddes, H. (1991). *An examination and evaluation of the role of two teacher support groups in developing more effective educational practice with emotional and behavioural difficulties in mainstream classrooms*, Disertación de Master en el Roehampton Institute of Higer Education.

Geddes, H. (1996). Educational therapy and the classroom teacher, en M. Barrett y V. Barma (eds,). *Educational Therapy in Clinic ans Classroom*. Londres: Whurr.

Geddes, H. (2010) *El apego en el aula. Relación entre experiencias infantiles, bienestar emocional y el rendimiento escolar*. Barcelona: Grao.

Gomez, A. M. (2013). *EMDR and adjunct approaches with children. Complex trauma, attachment and dissociation*. NY: Springer Publishing Company, LLC.

Gonzalo Marrodán, J. L. (2015) *Vincúlate. Relaciones reparadoras del vínculo en los niños adoptados y acogidos*. Bilbao: DDB

Gonzalo Marrodán, J. L. (2013) *Construyendo puentes. La técnica de la caja de arena*. Bilbao: DDB

Gonzalo Marrodán, J. L. y Benito, R. (2017) *La armonía relacional. Aplicaciones de la caja de arena a la traumaterapia*. Bilbao: DDB

Greenland, S.K. (2013) *El niño atento. Mindfulness para ayudar a tu hijo a ser más feliz, amable y compasivo*. Bilbao: DDB

Gresham, F. M., Sugai, G., & Horner, R. H. (2001). Interpreting outcomes of social skills training for students with high-incidence disabilities. *Exceptional Children, 67*(3), 331-344.

Grigorenko, E. L., Kornilov, S. A., Naumova, O. Y., Adkins, R. M., Krushkal, J., et al. (2016). Epigenetic regulation of cognition: A circumscribed review of the field. *Development and Psychopathology*, 91 (8), 1-20.

Grinberg, L. (1986). Introducción a las ideas de Bion. Madrid, España: Nueva Visión.

Grinder J. y Bandler, R. (2011) *De sapos a príncipes*. Chile: Cuatro vientos

Grotberg, H. (2012). *La resiliencia en el mundo de hoy*. Barcelona: Gedisa

Grunwald, M., Weiss, T., Mueller, S. & Rall, L. (2014). EEG changes caused by spontaneous facual self-touch may repreent emotion regulating processes and working memory maintenance. *Brain Research*, 1557, 111-126

Guerrero, R. (2018) *Educación emocional y apego: Pautas prácticas para gestionar las emociones* en casa y en el aula. Barcelona: libros Cúpula

Harlow, H. (1965): Total social isolation in monkeys. *Proc Natl Acad Science U S A*. Jul; 54(1): 90–97.

Holmes, J. (2001). *The Search for the Secure Base. Attachment Theory and Psycotherapy*. Londres: Brunner-Routledge.

Hughes, D. (2007). *Attachment-Focused Family Therapy*. Nueva York, Estados Unidos: WW Norton & Company

Hunter, L. (1998). *Images of resiliency. Troubled children create healing stories in the language of sandplay*. Palm Beach, FL: Behavioral Communications Institute

James, M. y Jongeward, J (1975). *Nacidos para triunfar*. México: Fondo educativo iberamericano

Janin, B. (2002). Las marcas de la violencia, los efectos del maltrato en la estructuración subjetiva. *Cuadernos de psiquiatría y psicoterapia del niño y del adolescente 33/34*, 149-171.

Jung, C. J. (1991). *Arquetipos e inconsciente colectivo*. Barcelona: Paidós Ibérica.

Kalff, D. M. (1980). Sandplay, a psychotherapeutic approach of the psyque. Santa Mónica, CA: Sigo Press. *A revision with a new translation of Sandplay: Mirror of a child´s psyque*. San Francisco: Broser

Kandel, E. R., MD (Redactor), Dudai, Y. y Mayford M. R. (2015). *Learning and memory*. U.S: Cold Spring Harbor Laboratory Press

Kauffman, J. (2001). *Characteristics of emotional and behavioral disorders of children and youth*. New Jersey: Merril Prentice.

Kavale, K.; Forness, S. y Duncan, B. (1996). Defining emotional or behavioral disordesrs. *Advances in Learning and Behavioral Disabilities, vol. 10*, 1-45.

Kempe, R. S. y Kempe, C. H. (1998) *Niños Maltratados*. Madrid: Morata-Serie Bruner

Ladd, G. L. y Asher, S. R. (1985). Social skills training and children' s peer relations. En L. L' Abate y M. A. Milan (Eds.), *Handboock of Social Skills Training and Research* (pp.: 219-244). New York: John Wiley and Songs.

La Greca, A. M., & Santogrossi, D. A. (1980). Social skills training with elementary school students: A behavioral group approach. *Journal of consulting and clinical psychology, 48*(2), 220-227.

Levine, P. A. (2013) *En una voz no hablada*. Ed: Alma Lepik

Levine, P.A. e Iribarren Berrade M. (2013). *Sanar el trauma: Un programa pionero para restaurar la sabiduría de tu cuerpo*. Neo-Psique.

López, F. (2008). *Necesidades en la infancia y en la Adolescencia: respuesta familiar, escolar y social*. Madrid: Pirámide

López, F. (1999). Problemas afectivos y de conducta en el aula. En A. Marchesi, C. Coll y J. Palacios, *Desarrollo Psicológico y educación, Tomo 3: Trastornos del desarrollo y necesidades educativas especiales*. Madrid: alianza Editorial.

Lovett, J. (2000). *La curación del trauma infantil mediante EMDR*. Barcelona: Paidós Ibérica.

Lovett, J. (2016). *El laberinto del trauma y el apego: Cómo modificar la terapia EMDR para ayudar a los niños a resolver traumas y desarrollar relaciones afectivas: Volumen 3*. Biblioteca EMDR

Lowenfeld, M. (1979) *The world technique*, Londres: George Allen & Unwin

Lowenfeld, M. (1993). *Understanding children´s sandplay: Lowenfeld´s world technique*. Cambridge, UK: Margaret Lowenfeld Trust

Main, M. y Solomon, J. (1986) Discovery of an insecure disoriented attachment pattern: procedures, findins and implications for the classification of behaviour". En Brazelton, T. and Youngman, M. *Affective Development in Infancy*. Norwood, NJ: Ablex.

Manciaux, M., Vanistendael, S. Lecomte, J. y Cyrulnick, B. (2003, 2010). La resiliencia: estado de la cuestión, en M. Manciaux, (Comp.), *La resiliencia: resistir y rehacerse*. Barcelona: Gedisa.

Marschak, M. (1960). A Method for Evaluating Child-Parent Interaction under Controled Conditions. *The Journal of Genetic Psychology 97(1),* 3-22

Kempe, R. y Kempe, H (1998). *Niños maltratados*. Investigación, Bruner.

Marschak, M. (1960). A Method for Evaluating Child-Parent Interaction under Controled Conditions. *Journal of Genetic Psychology 97(1)*, 3-22.

McGilchrist, I. (2012). *The Master and His Emissary: The Divided Braim and the Making of the Western World*. Londres: Yale University Press

Millikan, F. (1992). Relationship and process in sandplay: A self-psychology perspective. *Journal of Sandplay Therapy*, 2, 39-51

Minuchin, S. y Fishman, Ch. (1984). *Técnicas de terapia familiar*. Buenos Aires, Argentina: Editorial Paidós.

Monjas, M. I., Verdugo, M.A. y Arias, B. (1995). Eficacia de un programa para enseñar habilidades de interacción social a alumnado con necesidades educativas especiales en Educación Infantil y primaria. *Siglo Cero, 26* (6), 15-17

Moreno Olmedilla, J. M. (1992). Comportamiento antisocial en los centros escolares: Una visión desde Europa. *Revista Iberoamericana de Educación, 18.*

Ogden, P. y Fisher, J. (2016) *Psicoterapia sensoriomotriz. Intervenciones para el trauma y el apego*. Bilbao: DDB

Owen, N. (2003) *La magia de la metáfora. 77 relatos breves para educadores, formadores y pensadores*. Bilbao: DDB.

Perry, B. y Szalavitz, M. (2016) *El chico al que criaron como perro*. Madrid: Capitán Swing libros.

Pitillas Salvá, C. (2021). *El Daño Que Se Hereda. Comprender y abordar La Transmisión Intergeneracional Del Trauma*. Bilbao: DDB

Porges, S.W. y Milian Ariño, M. (2018) *Guía de bolsillo de la teoría polivagal.* Barcelona: Eleftheria

Porges, S. W. (2017) *La Teoría polivagal: Fundamentos neurofisiológicos de las emociones, el apego, la comunicación y la autorregulación*. Ed Pléyades

Powell, B.; Cooper, G.; Hoffman, K. y Marvin, B. (2019). *La intervención del círculo de seguridad*. Barcelona: Eleftheria

Puig, G. y Rubio, J. L. (2011). *Manual de resiliencia aplicada*. Barcelona: Gedisa.

Rae, R. (2013) *Sandtray: Playing to heal, recover and grow*. Plymouth, UK: Jason Aronson

Rosen, S. (2017). *Mi voz irá contigo*. Barcelona: Paidós

Rubio Rabal, J. L. y Puig Esteve. G. (2015) *Tutores de resiliencia. Dame un punto de apoyo y moveré mi mundo*. Barcelona: Gedisa.

Rygaard, P. N. (2008) *El niño abandonado*. Barcelona: Gedisa

Schore, A. (2003). *Affect dysregulation and disorders of the self*. WW. Norton: Londres

Shapiro, F. (2013) *Supera tu pasado: Tomar el control de la vida con el EMDR*. Ed. Kairós

Sholevar Pirooz, G. (1995). *Conduct Disorders in Children and Adolescent*. Washington: American Psychiatric Press.s

Siegel, D. J. (2007) *La mente en desarrollo. Cómo interactúan las relaciones y el cerebro para modelar nuestro ser*. Bilbao: DDB

Siegel, D. J. y Payne, T. (2014) *El cerebro del niño*. Barcelona: ALBA

Spitz, R. A. (1945). Hospitalism. An Inquiry into the Génesis of Psychiatric Conditions in Early Childhood.

Timoneda, C. (2013) *Educar con todas las letras*. Fundación Carme Vidal Xifre, desde el Modelo humanista estratégico y Tª PASS de la inteligencia (Das, Nagliery y Kirby, 1994)

Timoneda, C. (2015) *Orientando la Orientación*. Barcelona: Fundación Carme Vidal

Timoneda, C. (2006) *La experiencia de aprender: una visión práctica de las dificultades del aprendizaje*. Barcelona: Fundación Carme Vidal

Timoneda, C. (2017) *Eduquémonos para educar. Guía para la educación emocional de los docentes.*Barcelona: Fundación Carme Vidal

Valero, L. (1997). Los trastornos del comportamiento social en la infancia y la adolescencia. En M. Jiménez (coord.), *Tratamiento psicológico de problemas infantiles*. Málaga: Algibe.

Van Der Kolk, B (2010) *El cuerpo lleva la cuenta. Cerebro, mente y cuerpo en la superación del trauma*. Barcelona: Eleftheria

Vanistendael S., y Lecompte, J. (2006) *La felicidad es posible. Despertar en niños maltratados la confianza en sí mismos: Construir resiliencia.* Barcelona: Gedisa

Weinrib, E. (1983,1992) *Images of the self. The sandplay therapy process.* Boston MA: Sigo Press.

West, J. (1995, 2000) *Terapia de juego centrada en el niño.* México: Manual Moderno.

Wild, R. y Arranz García, C (2012). *Libertad y límites. Amor y respeto: Lo que los niños necesitan de nosotros.* Barcelona: Herder.

Winnicott, D.W. (1953). Transitional Objects and Transitional Phenomena: A Study of the First Not-Me Possession. *International Journal of Psycho-Analysis, 34:* 89-97.

Winnicott, D. W. (1956). Preocupación maternal primaria. En *Escritos de pediatría y psicoanálisis (pp. 397-404).* Barcelona, España: Paidós.

Winnicott, D. W. (1982,1979, 2009) *Realidad y juego.* Barcelona: Gedisa

La autora

Nació en Cantabria. Cursó licenciatura y doctorado en Psicología en Salamanca. Trabajó al frente de una ONG internacional y, posteriormente, en el Servicio Territorial de Protección a la Infancia. Regresó a Cantabria, donde ejerce en el ámbito educativo, dentro de un Equipo Específico de Atención a las Alteraciones de las Emociones y de la Conducta. Puedes conocer más sobre ella en:

https://www.facebook.com/laura.r.rivas.9/
https://www.facebook.com/lauramruizrivas

Tienes que leer el anterior:

Otras publicaciones y material didáctico sobre Psicología y Educación:

Quizá te animes a descubrir su faceta literaria, en la que ha obtenido numerosos premios.